zen

route de la soie
La lumière bodhisattva

Borobudur de Bouddha
méditation

Quatre Nobles Vérités
nirvana dalaï-lama

Jean-Luc Toula-Breysse

8

c'est le nombre des signes de bons auspices dans la culture tibétaine.

▶ 80

« Si les **Six Saveurs** ne sont pas en harmonie et les **Trois vertus** absentes, Ce plat n'est pas digne d'être présenté à l'assemblée. » ▶ 112

Tenzin Gyatso, le XIVᵉ dalaï-lama
1940 : *Il prend place sur le « trône du lion » à l'âge de 5 ans, devenant officiellement le chef spirituel et temporel des Tibétains. Il a 13 ans, quand les troupes communistes chinoises envahissent son pays. Le 17 mars 1959, il prend le chemin de l'exil.* **En 1989**, *il reçoit le prix Nobel de la paix.*

▶ 98

Il y a 2 500 ans

Bouddha un homme en quête de la vérité ultime, enseigna la voie de la délivrance des cycles ininterrompus de vie-mort-renaissance, grâce à la méditation profonde. ▶ 15

5 bouddhas de méditation

Vairocana, le Tout Rayonnant
Aksobhya, l'Inébranlable
Ratnasambhaya, l'Origine des Joyaux
Amithaba, la Lumière infinie
Amoghasiddhi, Celui qui réalise le but.

▶ 64

Le Petit Véhicule

ou Hinayana, s'est répandu au Sri Lanka, en Birmanie, en Thaïlande, au Cambodge, au Laos, au Viet-nam du Sud.

▶ 29

Argumentation, embrassement, offrande, don, méditation...

Des idées et des notions sacrées représentées par **les mains.**

 68

À la différence des grandes traditions monothéistes
(judaïsme, christianisme et islam),
**le bouddhisme ne se réfère pas
à une révélation divine.**

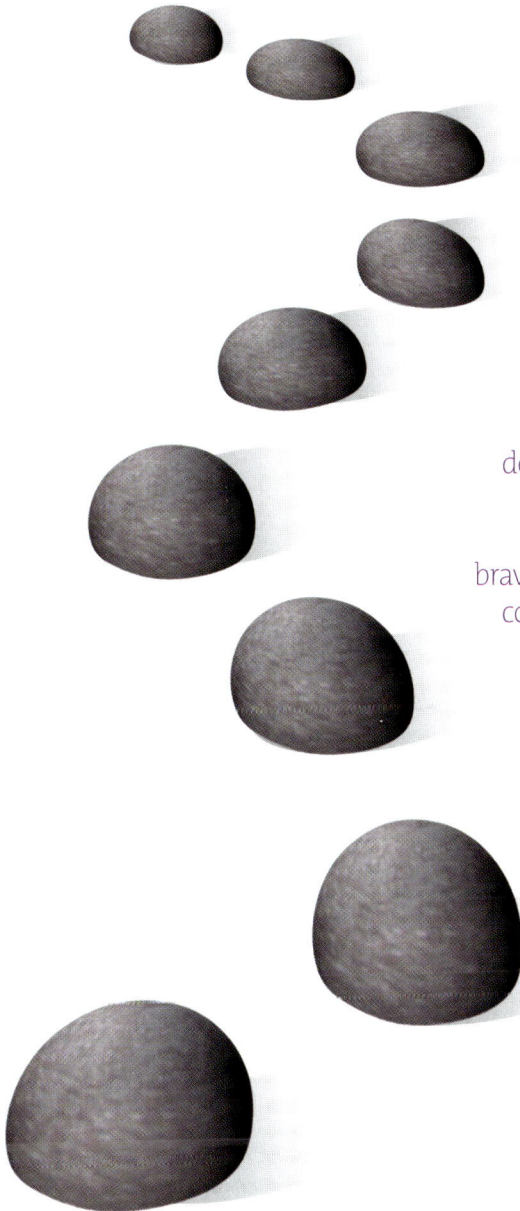

Sur la route
de la Soie, Xuanzang,
**le plus célèbre
pèlerin chinois**
brava 1 000 dangers pour
collecter les écritures
bouddhiques.

1814

Sir Stamford Raffles redécouvre **Borobudur,** au centre de Java. Ce joyau de l'art bouddhique, orienté selon les **4 points cardinaux,** symbolise à la fois la terre et le ciel. **Le stupa** monumental qui le couronne s'élève parmi 72 autres stupas qui abritent autant de bouddhas de pierre.

La première des quatre Nobles Vérités

enseigne que
nous sommes
tous sujets
à la douleur ;
la deuxième,
l'origine de
la douleur ;
la troisième,
la cessation
de la douleur ;
la quatrième,
la voie conduisant
à la cessation
de la douleur.

▶ | 22

« J'ai jeté cette toute petite chose qu'on appelle "Moi"
et je suis devenu le monde immense. »

Muso Soseki

 90

Au Japon,
aucun sentier
ne parcourt
le jardin zen,
conçu pour
la méditation.
**Sables et rochers
sont les symboles
de la «vacuité »
bouddhique.**

Tout est
Zen

à commencer par les paysages naturels.

SAVOIR

LES GRANDES LIGNES DE LA VIE DE SIDDHARTA GAUTAMA,
LE BOUDDHA HISTORIQUE. L'ENSEIGNEMENT QU'IL TRANSMET :
LES ACTES DES HOMMES DÉCIDENT DE SON DESTIN, LE DÉSIR EST CAUSE
DE LA DOULEUR. LE CHEMIN DE LA DÉLIVRANCE EST CELUI
DE LA CONNAISSANCE ; IL PERMET D'ATTEINDRE LE NIRVANA.
COMMENT LE BOUDDHISME GAGNE L'ASIE, ÉVOLUE ET S'ÉPANOUIT,
DEVENANT L'UNE DES TROIS SPIRITUALITÉS
LES PLUS IMPORTANTES DU MONDE.

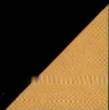

Sage de l'Inde antique, le **Bouddha** historique, par la puissance de son enseignement, son expérience propre, ses pratiques spirituelles et par ses actes méritoires, figure comme l'un des plus grands maîtres de tous les temps.

Cet homme parmi les hommes considère vaines les discussions métaphysiques. Quand des disciples l'interrogent et attendent une réponse sur l'origine de l'univers, il préfère formuler une parabole. « Lorsqu'un homme est blessé par une flèche et qu'il veut savoir le nom et la caste de son agresseur, il se met en danger de mort. Moi, dit le Bouddha, j'enseigne à ôter la flèche. » Ainsi, il se situe en dehors de la question de Dieu. À l'image d'un médecin, cet homme d'action propose une thérapeutique, une méthode pour se libérer de la souffrance. « Je ne suis pas un dogmatique mais un analyste. » Il « guérit » ces « dangereuses maladies » appelées passions. Si le récit légendaire de sa vie est important pour de nombreux peuples, il convient avant tout de retenir le message originel, puissant de vérité et toujours vivant.

LE BOUDDHA ET L'ENFANT

La sérénité de ce Bouddha de pierre exerce un pouvoir hypnotique sur l'enfant. (Grottes du Yun-Kan, Chine, Ve siècle).

De l'Inde au Japon, de la Chine à l'Asie du Sud-Est, et depuis la fin du XIXe siècle en Occident, le bouddhisme a engendré de nombreux courants, écoles et pratiques. Son rayonnement dans l'ensemble du continent eurasiatique, sa coexistence avec les croyances locales – culte des ancêtres et taoïsme en Chine, chamanisme en Mongolie ou en Corée, religion Bön au Tibet, rites Shinto au Japon, etc. – manifestent l'ouverture de cette doctrine. Les différentes formes de bouddhisme qui sont apparues dans les cultures autochtones ont un invariable point commun : vaincre la souffrance.

L'INDE AU TEMPS DU BOUDDHA EST ORGANISÉE SELON UN SYSTÈME DE CASTES

Six siècles avant notre ère, le monde indien, composé de plusieurs royaumes d'importances diverses, connaît une extraordinaire et foisonnante quête spirituelle. Louis de la Vallée Poussin rappelle dans son livre *Bouddhisme* qu'à cette époque, « l'Inde religieuse n'est pas un pays d'idées claires et stables, mais d'analyses raffinées, enchevêtrées, à mouvements tournants ». Une fiévreuse spéculation intellectuelle bouleverse la société brahmanique. Organisée selon un système de castes, elle se caractérise par la suprématie des brahmanes. Ces prêtres garantissent par leurs pratiques, notamment sacrificielles, la garde suprême du culte. En défendant les privilèges de leur rang, certains membres de cette caste sacerdotale s'enferment dans un ritualisme formel. La caste des marchands supporte de moins en moins le statut inférieur dans laquelle elle est reléguée. D'innombrables sectes et écoles voient le jour. Dans la vallée du Gange, ermites et maîtres yogis entreprennent des recherches poussées, expérimentent de nouvelles voies, de l'extase à la négation de soi... L'un des contemporains du Bouddha,

Vardhamana, surnommé Mahavita (« Le Grand Héros ») fonde en réaction aux sacrifices rituels brahmaniques le jaïnisme, qui se propose de libérer l'homme du cycle des renaissances par la non-violence. Beaucoup d'ascètes et d'ermites cherchent le salut. C'est dans ce contexte que naît le fondateur du bouddhisme : Siddharta **Gautama**.

Le Bouddha est, d'abord, un personnage historique. Il n'est pas un sauveur d'origine divine. Seulement un enfant de famille noble qui dans une quête insatiable atteint une sagesse suprême, celle de la délivrance. Même si une pléiade de récits légendaires, d'épisodes mythiques et d'histoires édifiantes contant les aventures de ce personnage hors du commun, contribue à propager jusqu'à l'idolâtrie l'image d'un héros divinisé (voir l'extrait du récit de Marco Polo). Les auteurs d'alors ne se soucient guère de l'exactitude des faits. Ils préfèrent laisser libre cours à leur fertile imagination, chère à la civilisation indienne. Les premiers textes ne sont pas biographiques. Ils ne visent qu'à transmettre l'enseignement du Maître. La nature même des sources rend complexe la vision historique. Les dates exactes de sa naissance et de sa mort demeurent incertaines. Les indianistes contemporains, les écoles de différentes traditions et les calendriers des anciens posent différentes dates. Peu importe.

NAISSANCE DU BOUDDHA

Cette peinture indienne met en scène la naissance du Bouddha. Sa mère, la reine Maya – au premier plan –, serait morte peu de temps après.

Aujourd'hui, les historiens s'accordent pour reconnaître l'existence de Siddharta (« Celui qui a atteint son but ») Gautama. Cet homme, dans la tradition bouddhique, est appelé le Bouddha (ce qui signifie l'Éveillé), **Sakyamuni** (le Sage des Sakya), le « Bienheureux » ou, par ses disciples, le Maître...

LA NAISSANCE ET LA JEUNESSE DU BOUDDHA HISTORIQUE : SIDDHARTA GAUTAMA

Face aux contreforts de l'Himalaya, dans une bourgade du Teraï népalais, naît dans les jardins de Lumbini, près de la cité de Kapilavatsu, celui qui deviendra le Bouddha : Siddharta Gautama. Nous sommes au milieu du VIe siècle avant l'ère chrétienne. Vers 623 d'après les *Chroniques* de Ceylan, vers 563 selon les dernières rectifications chronologiques adoptées au XXe siècle. Fils de Suddhodana, souverain ou grand propriétaire de la tribu des Sakya – d'où le surnom de Sakyamuni (« Sage des Sakya ») – et de la reine Maya qui serait morte peu de temps après la naissance du futur Bouddha, Siddharta aurait été élevé par sa tante du côté maternel et seconde épouse de son père. Comme les garçons de son âge et de son rang, il reçoit une noble éducation : connaissance des sciences, équitation, tir à l'arc... Son mariage, à l'âge de seize ans, avec la princesse Yasodhara, puis la naissance d'un fils qui reçoit le nom de Rahula n'apaisent pas l'esprit du jeune homme. Lors d'une promenade, il aurait successivement rencontré un vieillard, un malade, le cadavre d'un homme puis un mendiant. Siddharta prend conscience de l'inéluctable expression de la condition humaine : la souffrance. Vieillesse, maladie et mort s'opposent à la sérénité. Cet épisode bouleversant convainc le jeune prince que les affaires du monde, ainsi que les plaisirs matérialistes, ne peuvent le satisfaire. À l'âge, dit-on, de vingt-neuf ans, il renonce à la vie des membres de sa caste, en dépit de l'opposition de son père. Résolu à pratiquer l'ascétisme, il quitte la riche demeure familiale pour prendre le chemin du renonçant. Il choisit de se retirer, de vivre en marge auprès de divers maîtres. Comme beaucoup de ses contemporains, il cherche alors à sortir des affres de l'existence. Insatisfait des enseignements qu'il

APSARAS

Nymphes célestes, les apsaras sont très présentes dans l'art indien. Celles du temple d'Angkor-Vat demeurent justement célèbres.

reçoit, il approfondit sa quête par lui-même. En compagnie de cinq mendiants, Gautama se soumet à la plus sévère des ascèses en s'infligeant mortifications et jeûnes. Après des épreuves terribles, il se rend compte qu'une vie de privations ne vaut guère mieux qu'une vie de plaisirs. Il prend conscience qu'une ascèse extrême est une erreur, un comportement vaniteux. Ce qui le conduira plus tard à prôner dans ses sermons la voie du milieu, écartant les extrêmes, tant celles de la vie matérialiste que celles de l'ascétisme outré.

Après des années de recherches, il parvient, assis sous un figuier à Bodhgaya, à une parfaite compréhension de la vérité. Face aux tentations de **Mara**, divinité démoniaque dans la tradition indienne, souverain des plaisirs sensibles, et de ses filles, la Concupiscence, l'Inquiétude et la Volupté, il aurait pu succomber. Mais, exempt de passions, il résiste et triomphe. Par l'expérience de la méditation, il atteint l'Éveil (**bodhi**) qui fait de lui un Bouddha (l'Éveillé). Cet homme qui depuis sa jeunesse aspire au salut se délivre à tout jamais de l'attachement aux choses terrestres.

LES QUATRE NOBLES VÉRITÉS EXPRIMENT LA QUINTESSENCE DU BOUDDHISME

Après avoir accédé à cette conscience absolue, à la claire connaissance, Siddharta Gautama, désormais le Bouddha, reprend sa vie errante. Pour le bien-être de l'humanité, il décide de transmettre la Bonne Loi, celle du chemin conduisant à la libération, et se rend à Sarnath, au nord de Bénarès. Là, au Parc des Gazelles, il expose dans un enseignement fondamental la quintessence du bouddhisme : les Quatre Nobles Vérités. Ce sermon, marquant le début d'une longue période de prédication, est pour les bouddhistes « la mise en mouvement de la roue de la Loi ». Ses anciens condisciples ascètes deviendront, à l'écoute de la parole de « Celui dont le nom est vérité », les premiers moines bouddhistes. D'abord perplexes, ils apostrophent le Bienheureux : « Si tu n'as pu jadis, ami Gautama, atteindre par tes austérités la perfection surhumaine, comment veux-tu, maintenant que tu vis dans l'abondance, atteindre l'éclatante plénitude de la

dhique. L'enseignement de l'actuel **dalaï-lama** rappelle que « dans la société humaine, la bonté, l'amour du prochain et la compassion sont ce qu'il y a de plus important. Ce sont des sentiments véritablement précieux et nécessaires dans notre vie ». À la différence des grandes traditions monothéistes (judaïsme, christianisme et islam), le bouddhisme ne se réfère pas à une révélation divine. Il place au centre de sa pratique l'expérience individuelle. Cette « science intérieure », cette règle de vie enseigne que tous les hommes sont égaux devant la souffrance. Devant la détresse humaine, le Bouddha Siddharta Gautama, qui n'accepte rien sans le vérifier, montre par son propre exemple que « cet océan de souffrance » peut être aboli par le renoncement aux désirs et par la suppression de l'ignorance. Pour s'affranchir du tourbillon de la vie, l'approche bouddhique privilégie le libre examen, la sagesse et la compassion, écarte la dualité entre l'âme et le corps. Le bouddhisme est une éthique qui ne se distingue pas de l'action. Savoir est un non-sens. Seule, la pratique de la transformation prime. Une relation à soi, aux autres et au monde borne la voie bouddhique.

BODHISATTVA
Figure populaire et protectrice au Tibet, Avalokitesvara est un Bodhisattva, être d'éveil et de pure compassion. Cette sculpture népalaise date du XVIIIᵉ siècle.

Le premier enseignement du Bouddha porte sur la prédisposition de chacun à éprouver la souffrance. À travers les Quatre Nobles Vérités, il examine la douleur, son origine, sa cessation et la voie y conduisant.

Première Noble Vérité : la douleur. « Voici, ô moines, la noble vérité sur la souffrance. La naissance est souffrance, la vieillesse est souffrance, la maladie est souffrance, la mort est souffrance, être uni à ce que l'on n'aime pas est souffrance, être séparé de ce que l'on aime est souffrance, ne pas réaliser ce que l'on désire est souffrance ; en résumé, les cinq agrégats* d'attachement sont souffrance. »

LA SOUFFRANCE EST AU CŒUR DE L'EXISTENCE

La Première Noble Vérité enseigne que toutes les formes de l'existence sont inévitablement sujettes à la douleur. Dans le cycle de la vie, la joie ne dure pas. La tristesse qui naît de la perspective de la douleur obscurcit les moments de bien-être. L'aspect transitoire d'une vie ponctuée de bonheurs qui invariablement s'arrêtent, constitue un tourment de la pensée humaine. L'instabilité et l'imperfection des choses sont intolérables. Ce constat, jugé parfois en Occident d'un pessimisme extrême ou d'une fatalité désespérante, encourage en réalité l'individu à cultiver sa « nature de Bouddha » et, ainsi, à suivre l'exemple de Gautama.

*Agrégat de la matière, agrégat des sensations, agrégat des perceptions-conceptions, agrégat des stimulations psychiques, agrégat de la conscience. Ils composent toutes les existences individuelles.

Deuxième Noble Vérité : l'origine de la douleur. « Voici, ô moines, la noble vérité sur la cause de la souffrance. C'est le désir qui produit la ré-existence et le redevenir, qui est lié à une avidité passionnée et qui trouve une nouvelle jouissance tantôt ici, tantôt là, c'est-à-dire la soif des plaisirs des sens, la soif de l'existence et du devenir, et la soif de la non-existence. »

Toute douleur provient du désir égoïste et de l'ignorance. L'origine de la souffrance est l'illusion. Mais qu'est-ce que l'illusion ? C'est l'état mental qui détruit la tranquillité intérieure et qui est la cause des renaissances : par exemple, le goût du pouvoir, le manque de maîtrise de soi, le plaisir sensuel, la crainte de ne plus exister, le refus de la loi karmique... C'est aussi croire à un soi permanent. Notre destinée résulte de causes que chaque être doit chercher dans ses actes passés, tant dans la vie présente que dans les existences antérieures.

« IL FAUT SOUMETTRE LA DOCTRINE À SA PROPRE EXPÉRIENCE »

Troisième Noble Vérité : la cessation de la douleur. « Voici, ô moines, la noble vérité sur la cessation de la souffrance. C'est la cessation complète de cette soif, la délaisser, y renoncer, s'en libérer, s'en détacher. » Se débarrasser des perceptions erronées, éliminer les emprises mentales, supprimer les sources d'obstruction deviennent le but du pratiquant bouddhiste. Le comportement occidental, à l'observation de l'éthique judéo-chrétienne et des travaux psychanalytiques, a tendance à confondre la suppression du désir et sa répression ou son refoulement. Ce qui se traduit dans la tradition bouddhique par une nouvelle source de douleur qui équivaut à des psychoses ou des névroses. Il convient donc d'examiner s'il existe un moyen d'échapper à cette accablante inclination.

LE MAÎTRE ET SES DISCIPLES

Cette « Scène de la vie de Bouddha », peinte en Chine au Xe siècle, représente Bouddha enseignant à ses disciples.

Quatrième Noble Vérité : la voie conduisant à la cessation de la douleur, ou l'Octuple Sentier. « Voici, ô moines, la noble vérité sur le chemin qui conduit à la cessation de la souffrance. C'est le noble chemin octuple, à savoir : la compréhension juste, la pensée juste, la parole juste, l'action juste, le moyen d'existence juste, l'effort juste, l'attention juste et la concentration juste. »

Cette Quatrième Noble Vérité constitue dans la pratique bouddhique une règle de vie. Cet antidote a pour assise et exigence la stabilité mentale et l'observance d'une moralité. Cela nécessite une attention permanente et une introspection authentique. Modifier son état d'esprit permet de mieux combattre l'illusion.

« N'acceptez pas ce qui vous est rapporté, n'acceptez pas la tradition : ne vous hâtez pas de conclure "qu'il doit en être ainsi" », disait le Bouddha à ses disciples. Il ne faut pas adhérer à la Doctrine de l'Éveillé par respect ; il faut d'abord la soumettre à sa propre expérience. L'enseignement bouddhique se présente comme un chemin, le chemin de la délivrance de la douleur, une pratique non spéculative, ni théorique. Encore moins une révélation métaphysique. La pensée bouddhique s'inspire du spectacle du monde, de ses afflictions et de ses souffrances. Pour transformer le monde, il faut transformer la nature humaine, sa propre nature. Les moyens de cette transformation, selon le Bouddha, s'acquièrent par la méditation et la discipline morale. Avec cinq règles de base : ne pas tuer, ne pas prendre le bien d'autrui, ne pas se laisser aller aux passions, ne pas mentir et ne pas s'enivrer.

LE KARMA, LE SAMSARA ET LE NIRVANA, PILIERS DE LA DOCTRINE BOUDDHIQUE

Rien ne dure, rien ne persiste. Tout change indéfiniment, y compris l'âme. L'ego, le « je », n'est qu'une somme d'éléments instables. Croire en la permanence de l'être est une illusion. Le corps, les idées, les sensations, les émotions changent continuellement. « Tu n'es ni l'enfant que tu as été, ni le vieillard que tu deviendras », enseigne le sage bouddhiste Nagase à Milinda (le roi grec Ménandre). La pratique bouddhique commence avec la « prise de refuge » dans les Trois Joyaux : le Bouddha, le **dharma** (la loi) et la sangha (la communauté). Pour l'actuel dalaï-lama, « le Bouddha est le maître qui indique la voie de l'Éveil, le dharma est le vrai refuge où nous cherchons protection contre la souffrance, et la sangha est formée de compagnons spirituels qui suivent les étapes du sentier ».

Ce sentier dépend du **karma**, qui conduit l'être non éveillé dans l'éternel **samsara**. Celui qui atteint l'éveil parvient lui au nirvana. Le maître tibétain Kalou Rimpotché compare la conscience fondamentale à un terrain qui serait le réceptacle d'empreintes ou de graines, laissées par nos actes. « Une fois semées, ces graines subsistent dans le terrain de la conscience fondamentale jusqu'à ce que les conditions soient réunies pour leur germination et leur mûrissement. » Commun aux croyances brahmaniques et védiques (pensée religieuse indienne, reposant sur un corpus de textes sacrés, antérieure au **brahmanisme**), le karma ou la loi de l'acte désigne la relation de cause à effet. Tout acte, bon ou mauvais, corporel ou mental, produit inexorablement à un moment ou à un autre des conséquences sur son auteur. Ce fruit de l'acte provoque les renaissances successives. Ce principe engendre souvent dans la vision contemporaine occidentale

un malentendu, une confusion entre le facteur qui déclenche une action et sa cause profonde. Si quelqu'un s'adresse à vous en des termes désobligeants, ils ne sont pas la cause de votre colère. Ils ne font que révéler une facette de votre caractère. Il faut chercher l'origine de votre réaction afin que vous puissiez vous comporter différemment dans des situations analogues. Comprendre peut changer le schéma karmique.

LA MORT DU BOUDDHA

Selon la tradition, le Bouddha s'est allongé juste avant de mourir. La tristesse des disciples ignore l'état de délivrance suprême auquel leur maître a accédé, état que l'on nomme parinirvana et qui marque l'ultime fin des renaissances.

Le samsara, ou cycle des renaissances, est déterminé par le karma. Étant par nature insatisfaisante, cette ronde des naissances conduit la conscience à transmigrer d'une existence à une autre. Principe que l'on retrouve dans d'autres traditions indiennes, le samsara charrie à l'infini la souffrance. Dans la tradition bouddhique, le nirvana désigne la délivrance, l'extinction complète, la cessation du cycle des renaissances, donc de la souffrance. Cet état de parfaite unité est si subtil qu'il ne supporte aucune description possible. Pour arriver au nirvana – ultime fin des renaissances –, il faut renoncer au désir. Se détacher à la fois de l'existence et de la non-existence. État de vacuité suprême, d'achèvement absolu, le nirvana existe, selon de grands maîtres, sur la base même de l'esprit.

La communauté des premiers disciples et fidèles s'est divisée en de nombreuses branches. L'impulsion donnée par le Bouddha a conduit les pratiquants de la Bonne Loi à adapter, au fil du temps et des cultures, l'enseignement. Il ne s'agit pas à proprement parler de schismes violents et radicaux mais de mouvements forts qu'il faut associer à des considérations historiques, culturelles, politiques et économiques. Comme le souligne le grand savant des études boud-

dhiques Étienne Lamotte (1903-1983) : « L'adhésion à la foi bouddhique n'oblige nullement l'adepte à rejeter ses croyances ancestrales et à répudier les pratiques religieuses en vigueur dans son milieu. (...) L'avènement du bouddhisme n'entraîne pas le "crépuscule des dieux" ». D'ailleurs, un grand nombre de bouddhistes, loin de l'enseignement originel, se sont transformés en croyants non pas en Dieu mais en un Bouddha. Le bouddhisme est une doctrine vivante et universaliste. »

PETIT VÉHICULE, GRAND VÉHICULE ET VÉHICULE DE DIAMANT, LES TROIS GRANDES ÉCOLES DU BOUDDHISME

« Le Petit Véhicule reste fidèle à l'idéal que le fondateur Gautama a préconisé : celui qui sera sauvé, c'est le moine affranchi de tout désir », écrit Louis de la Vallée Poussin. La majorité des bouddhistes au Sri Lanka, en Birmanie, en Thaïlande, au Cambodge, au Laos et au Viêt-nam du Sud pratiquent le **Hinayana**. Le terme de Hinayana (« Petit Véhicule ») fut donné aux écoles anciennes bouddhiques par les tenants du **Mahayana**. Beaucoup préfèrent utiliser le terme moins dépréciatif de « **Theravada** » (« Doctrine des Anciens »).

Le Hinayana professe que seul le bonze affranchi de tout désir peut obtenir le salut de manière individuelle en suivant l'enseignement du Bouddha. L'idéal des adeptes de ce véhicule est d'atteindre l'état d'**arhat** (grand sage méritant, dignitaire), de supprimer en soi passion et attachement afin d'entrer dans le nirvana. Deux principes fondent, selon Kalou Rimpotché, ce courant : « l'observance d'une éthique » et « la compréhension de la vacuité du sujet, appelée encore le "non-moi de l'individu" ».

Pratiqué principalement en Chine, en Corée, au Japon, au Tibet et au Viêt-nam du Nord, le Mahayana, ou Grand Véhicule, représente un prolongement de l'ancienne tradition. Né plus de quatre siècles après la mort du Bouddha, ce mouvement transcende les limites du salut personnel en y associant des êtres d'une infinie compassion, les **bodhisattva**. Un bodhisattva (« être voué à l'Éveil ») est spirituellement parfait mais reste volontairement dans le cycle des renaissances (samsara) pour aider les autres. Le disciple mahayaniste ne se contente pas de tuer ses passions afin d'être un arhat comme dans le bouddhisme Hinayana, mais aspire à devenir un bodhisattva,

celui qui se consacre à aider les autres à progresser vers la délivrance. Et même à être un Bouddha. Car pour les adeptes du Mahayana, tout homme, un moine comme un laïc, peut échapper au samsara et atteindre l'Éveil, la « nature du Bouddha ». L'altruisme, la quête du bonheur pour l'ensemble des individus caractérisent cette démarche. Les maîtres du Mahayana revendiquent l'accès universel à la bouddhéité. Ils matérialisent cette quête par la pratique des six perfections ou paramita (le don, l'éthique, la patience, la diligence, la concentration et la connaissance de la nature absolue).

D'UNE ÉCOLE À L'AUTRE, LE BUT EST IDENTIQUE, SEULES LES MÉTHODES POUR L'ATTEINDRE DIFFÈRENT

Une mythologie s'échafaude. D'innombrables bouddhas peupleraient l'univers. Certains personnifient des énergies, des principes tels que la sagesse, la compassion, le pouvoir de guérison. Il existe, par ailleurs, dans la tradition mahayaniste une série de bouddhas humains des temps passés. Dans des ères cosmiques très lointaines, six bouddhas auraient précédé Sakyamuni ; on les nomme les Tathagata. Gautama a prédit l'avènement d'un futur bouddha : **Maitreya**, le Bienveillant. Des divinités splendides ou effrayantes, allégories des états psychiques de l'homme, composent le panthéon bouddhique du Grand Véhicule. Les mahayanistes ne contestent pas les hinayanistes. Ils interprètent autrement les anciens textes. Ils pensent que le monde évolue et que les anciennes méthodes de salut ne sont pas suffisantes.

Pratiqué au Tibet, en Mongolie, au Bhoutan et dans les régions himalayennes de l'Inde et du Népal, le **Vajrayana**, ou « Véhicule de diamant », a les mêmes fins que les véhicules précédemment cités mais il incorpore un courant religieux qui existe aussi dans l'hindouisme, le tan-

trisme. Les tenants du Vajrayana considèrent le Hinayana et le Mahayana comme des étapes successives menant à la grande sagesse. Sa différence demeure dans les méthodes de réalisation : pratiques méditatives et corporelles, notamment des exercices de yoga et de visualisation des divinités grâce aux dessins appelés **mandala** ou à des récitations de formules sacrées (**mantra**) aux valeurs mystiques et renforçant le pouvoir énergétique de la parole. Dans le Véhicule de diamant, il faut recevoir une initiation, une transmission rituelle et orale d'un maître spirituel. Les vajrayanistes soutiennent que toutes les expériences, y compris sensuelles, sont des expressions manifestes et sacrées de l'esprit éveillé. Transformer ses faiblesses en forces, plutôt que de lutter contre elles, est un moyen d'émancipation spirituelle. La connaissance d'écrits ésotériques (**tantra**) et la pratique magique participent à la transmutation « fulgurante » du Véhicule de diamant.

LE RAYONNEMENT BOUDDHIQUE À TRAVERS L'ASIE

La tradition veut que les trois premiers conciles correspondent aux trois siècles qui suivirent la mort du Bouddha. Le premier concile se serait tenu vers 477 avant Jésus-Christ, dans une grotte à Rajagriha ; l'assemblée se charge de codifier la doctrine en la compagnie d'Ananda, le disciple préféré du Maître. Le deuxième concile, vers 377 avant Jésus-Christ, à Vaishali, révèle des divergences d'interprétation entre les différentes communautés. Le troisième concile, vers 241 avant Jésus-Christ, aurait eu lieu à Pataliputra sous le règne d'Açoka. Unificateur des Indes, l'empereur Açoka (265-238 avant Jésus-Christ), celui même qui fait ériger une colonne commémorative sur le lieu de naissance du Bouddha, adhère, après de sanglantes conquêtes, au bouddhisme, doctrine prêchant la non-violence ! En envoyant des missionnaires prêcher le Dharma vers les régions hellénisées du nord-ouest de l'Inde ainsi qu'en Birmanie et à Ceylan, il contribue activement à la diffusion du bouddhisme. Il fait de cette spiritualité la religion officielle de son vaste empire. La doctrine de l'Éveillé se répand dans l'Inde septentrionale, dans le Cachemire et l'Afghanistan et pénètre dans les royaumes de Bactriane, jadis inclus dans l'empire d'Alexandre. À Ceylan, le bouddhisme Theravada (l'école des Anciens) prospère, avant de gagner les pays du Sud-Est asiatique : le royaume du Siam (voir Ayouthaya), le royaume khmer et ses principautés (voir Angkor), le Laos, le Viêt-nam du Sud et une partie de l'archipel indonésien. C'est sur l'île cinghalaise que le canon bouddhique est rédigé. Parallèlement à cette voie de propagation méridionale, les tenants du Grand Véhicule, via les routes de la soie de l'Asie centrale, introduisent le bouddhisme en Chine. Pour la première fois de son histoire, la civilisation chinoise reçoit une pensée étrangère. Malgré les fortes oppositions des adeptes du confucianisme

TIBET

Unificateur politique et spirituel, diplomate avisé et religieux tolérant, Lobsang Gyatso (1617-1682), le cinquième dalaï-lama, incarne l'autorité suprême du Tibet.

(pratique essentiellement politique et sociale), la pensée bouddhique connaît son apogée sous la dynastie des Tang (618-907). De là, elle passe en Corée, puis au Japon.

Le message bouddhique se répand sur l'ensemble du continent doucement et profondément. Qu'est-ce qu'un millénaire dans la roue de l'existence humaine ?

Le bouddhisme a conquis l'Asie orientale mais n'a pas survécu dans son pays d'origine. À partir du VIIe siècle, les monastères sont détruits, « le bouddhisme est balayé des Indes. Cela est l'œuvre des Huns, des musulmans persans, mais, avant tout des brahmanes », précise Serge-Christophe Kolm dans son ouvrage, *Le Bonheur-liberté*.

LE BOUDDHISME TIBÉTAIN INTÈGRE TOUS LES COURANTS

Selon la tradition tibétaine, au VIIe siècle, une princesse népalaise et une princesse chinoise, toutes deux bouddhistes, épousent le monarque tibétain Songtsen Gampo. Ces unions édifient les fondations de la grande tradition bouddhique au Tibet. Le bouddhisme des hauts plateaux himalayens, se confondant avec la civilisation tibétaine, intègre tous les courants (Hinayana, Mahayana, Vajrayana) auxquels s'ajoutent des éléments empruntés à la religion chamanique locale (Bön). Quatre écoles principales représentent avec de nombreuses subdivisions le bouddhisme tibétain. Fondé au VIIIe siècle par des maîtres indiens, dont **Padmasambhava** (le diffuseur de l'enseignement bouddhique au Tibet), l'ordre des Nyingmapa, le plus ancien au Tibet, appuie sa tradition sur les premières traductions des textes indiens et sur des exercices de contrôle physique et psychique ; il met ainsi l'accent sur la pratique tantrique. À partir du XIe siècle, la lignée des Kagyupa, dite de la « transmission orale », concilie pratique dévotionnelle, méditation et ascétisme. Théoriciens de cette lignée, le traducteur Marpa, son disciple le célèbre poète et ermite Milarépa, mais aussi le premier karmapa (un des hauts dignitaires du bouddhisme tibétain). La diversité des pratiques et des ordres atteste que, pour arriver à l'éveil, tous les cheminements sont possibles. L'ordre des Sakyapa, doté d'une solide tradition philosophique, est connu, depuis le XIe siècle, pour l'érudition de ses moines et son patronage des arts. Le nom Sakya signifie « la terre

ZEN

Le silence est au cœur de la pratique du bouddhisme zen au Japon. Les jardins du temple Myoshinji , à Kyoto, forment un cadre idéal pour la méditation.

grise ». Il vient du lieu où fut établi le premier monastère de cette école. Appelés plus familièrement les « bonnets jaunes », à cause de la couleur de leur coiffe, les membres de la lignée des Guélugpa, fondée au XVe siècle, représentent la « tradition de la vertu ». Le dalaï-lama et le **panchen-lama** appartiennent à cette école réputée pour sa maîtrise de la logique et sa pratique de la dialectique philosophique.

Au fil des échanges politiques, culturels et commerciaux avec leurs voisins, les habitants de l'archipel nippon découvrent près d'un millénaire après la naissance de la doctrine les enseigne-

ments de Gautama. Vers le VIe siècle de notre ère, le bouddhisme arrive au pays du Soleil Levant via la Chine et la Corée. Le Grand Véhicule est massivement adopté par la population. Cette spiritualité venue du continent apporte au Japon une morale pratique et une vision cohérente de l'homme dans l'univers. Il n'existe pas un bouddhisme japonais, mais une multitude de courants, d'écoles, de sectes et de sous-sectes. Dans ce foisonnement, s'ajoute à la « voie du Bouddha », le shinto. Le culte shinto, religion originelle des Japonais, est de type chamanique.

Les shintoïstes vénèrent les kami (esprits divins) et les forces de la nature. Les divinités, qui, selon la tradition, se compteraient par millions, séjournent dans tous les éléments végétaux et minéraux des terres insulaires. Les prêtres shintoïstes voyaient au début d'un mauvais œil l'introduction de cette pensée venue de l'étranger. Même si le bouddhisme ne s'oppose pas radicalement à cette croyance. Avec le temps, on peut, à propos de la société japonaise, parler de syncrétisme shinto-bouddhique.

LE ZEN APPARAÎT AU JAPON AU XXe SIECLE

Dans ce paysage complexe, aux côtés de l'amidisme (adoration du bouddha Amitabha, Amida en japonais) et de la secte Nichiren (du nom de son fondateur, un moine bouddhiste japonais) établissant sa doctrine sur le Sutra du Lotus (texte majeur du Grand Véhicule), apparaît une autre voie vers la connaissance : le **zen**. Familier en Occident, ce terme a fait couler beaucoup d'encre... et continue à engendrer confusion et contresens. Le zen est en premier lieu une école bouddhique de méditation, une technique d'appréhension immédiate. Originaire des Indes où cette pratique est appelée **dhyana**, le zen est avec l'enseignement du Bouddha introduit d'abord dans l'empire du Milieu par le moine indien **Bodhidharma** vers 520. Il prend en Chine le nom de **chan**. Après être passé en Corée (**son** en coréen), il connaît au fur et à mesure de son implantation différentes transformations. « Le bouddhisme zen est le mariage de l'abstraction et de la rationalité de l'Inde avec le réalisme et le sens pratique de la Chine », résume Erich Fromm, auteur de *Bouddhisme zen et psychanalyse*. Son entrée au Japon date du XIIe siècle.

Le silence est au cœur de la tradition zen japonaise. Celle-ci prône en premier lieu la réalisation de soi. Si l'adepte se soucie de chercher la perfection, il peut la trouver individuellement dans le quotidien. Cette expérience intuitive et directe de la vérité est insaisissable par la pensée ou à travers des écrits. Pour Okakura Kakuzo, célèbre auteur du *Livre du thé* : « Le Zen apporta enfin à la pensée orientale la notion que l'importance du temporel est égale à celle du spirituel et que, dans le rapport supérieur des choses, il n'y a pas de différence entre les petites et les grandes : un atome est doué de possibilités égales à celle de l'univers. »

L'école Rinzai et l'école Soto ont concouru à l'émergence du zen. Le moine Eisai, suite à un séjour en Chine, fonde au XIIe siècle la branche Rinzai. Il importe en 1191 l'enseignement d'un maître chan chinois du IXe siècle : Linzi (Rinzai en japonais). Cette secte préconise une méditation active et pratique. Pour provoquer le **satori** (éveil de l'esprit), elle perpétue un exercice connu sous le nom de **koan** (énigme que le maître pose au disciple). Parallèlement, Eisai, sous l'influence chinoise du taoïsme – doctrine cosmologique renonçant aux vanités du monde et aspirant à l'harmonie et à la contemplation de la beauté –, associe aux rituels des monastères zen la « Voie du thé ». Ce breuvage, à la fois offrande au Bouddha et puissant adjuvant, accompagne les longues séances de méditation des moines.

Au XIIIe siècle, le maître Dogen, moine, penseur illustre au Japon et disciple d'Eisai, après s'être rendu en Chine pour s'initier à l'enseignement du chan, établit la branche Soto. Cette école promeut la méditation silencieuse en position assise (**zazen**). Selon les principes de la secte Soto, il est possible de s'éveiller soudainement à la conscience du Bouddha, alors que les adeptes de la secte Rinzai considèrent que cet état advient graduellement. Ces deux courants ont fortement influencé l'esthétique japonaise (peinture, céramique, littérature, architecture, jardin...), ainsi que le pouvoir politique de leurs époques.

LE BOUDDHISME SUSCITE UN ENGOUEMENT SPECTACULAIRE EN OCCIDENT

Le XXe siècle, le siècle d'Auschwitz, le siècle d'Hiroshima, le siècle des effrois et des espoirs, des utopies et du matérialisme tant marxiste que capitaliste, a plongé l'humanité dans l'innommable. En cette période révolutionnaire de mondialisation, le bouddhisme suscite en Occident un engouement spectaculaire.

Méconnaissance et fascination favorisent les excès. Objet de substitution pour les orphelins des idéologies déchues, échappatoire pour les déçus de l'Église, auberge espagnole pour les croyants du New Age, le bouddhisme, authentique recherche spirituelle, tente de plus en plus d'hommes et de femmes. En Europe et aux États-Unis, des maîtres, essentiellement japonais et tibétains, ouvrent des centres, enseignent lors de leur passage les préceptes de leur école devant une audience toujours croissante. Dans le même temps, des esprits opportunistes saisissent cette vague bouddhique pour en faire commerce.

Est-ce un phénomène de mode ou une profonde rencontre ? Une vérité ou une illusion ? Certainement une leçon de vie. Cette méthode de connaissance, philosophique pour les uns, religieuse pour les autres, incontestablement spirituelle, reflète une multitude d'éclats. Ses étincelantes facettes semblent être celle d'un seul diamant, un précieux joyau au cœur de l'homme. La lumière du Bouddha. Une lumière pure.

VOIR

À NARA-RÉSIDENCE DE LA COUR IMPÉRIALE JUSQU'AU VIIIe SIÈCLE,
PUIS À KYOTO, NOUVELLE CAPITALE DE L'EMPEREUR,
À PARTIR DE 794, LES PRINCIPALES ET INFLUENTES ÉCOLES BOUDDHIQUES
ONT PRODUIT DES ŒUVRES PARMI LES PLUS REMARQUABLES
DE L'ART BOUDDHIQUE AU JAPON.
UN TRÉSOR ARTISTIQUE QU'ANDRÉ MALRAUX COMPARAIT
À LA BEAUTÉ DE LA CATHÉDRALE DE CHARTRES.

Jizo-Bosatsu : bronze polychrome du XIIe siècle, temple DenKoji, Nara.

Shaka Nyorai : bois et feuille d'or XIIIe siècle, temple Saidaiji, Nara.

Miroku-Bosatsu : *détail de la main, Xᵉ siècle, temple Koryuji, Kyoto.*

Miroku-Bosatsu : détail du buste, début du VIIᵉ siècle, Temple Koryuji, Kyoto.

Ashura, un des huit protecteurs de Bouddha, laque sèche creuse du VIIIe siècle, temple Kofudaiji, Nara.

Amida-Nyorai (Amitabha) : détail d'un bronze doré du XIe siècle, temple Byodoin, Kyoto.

Yakushi-Nyorai : *partie droite du visage, bois du IXe siècle, temple Jingoji, Kyoto.*

Senzyu-kannon : détail des mains, VIIIᵉ siècle, Temple Toshodaiji, Nara.

Miroku-Bosatsu (Maitreya) : détail, bois du VIIᵉ siècle, temple Chuguji, Nara.

Tête du bouddha du Yamadadera : bronze du VIIᵉ siècle, temple Kofukuji, Nara.

Ashura : *tête vue de gauche, VIIIᵉ siècle, temple Kofukuji, Nara.*

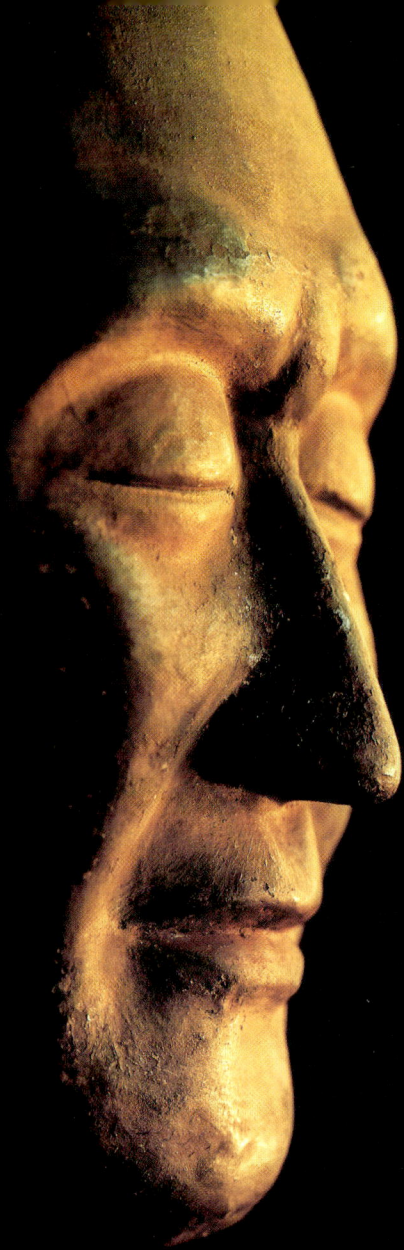

Ganjin Wajo, un prêtre de Tang, laque sèche creuse, VIIIᵉ siècle, temple Toshodaiji, Nara.

COMPRENDRE

LA SYMBOLIQUE DANS L'ART ET SON BUT UTILITAIRE
LES STUPAS ET LES MANDALAS. LES JARDINS DE MÉDITATION AU JAPON.
LES FÊTES BOUDDHIQUES EN HIMALAYA. LES PLUS BEAUX SITES
ARCHITECTURAUX, DE BOROBUDUR À PAGAN.
LA PRATIQUE ZEN DU TIR À L'ARC.

Sur les traces du Bouddha

De la naissance à la mort, les grandes étapes de la vie de Siddharta Gautama dessinent la carte du bouddhisme des origines.

LIEU DU PREMIER SERMON : SARNATH

Près de Bénarès, au parc des Gazelles, dans les faubourgs de Sarnath, le Bouddha enseigne à ses premiers fidèles la base de la doctrine : les Quatre Nobles Vérités. Historiquement, ce sermon marque le cœur de la pensée bouddhique. Un grand stupa surélevé se dresse sur le lieu de la première prédication. À l'est du parc, il y avait un étang où Gautama, selon les récits anciens, avait coutume de se baigner.

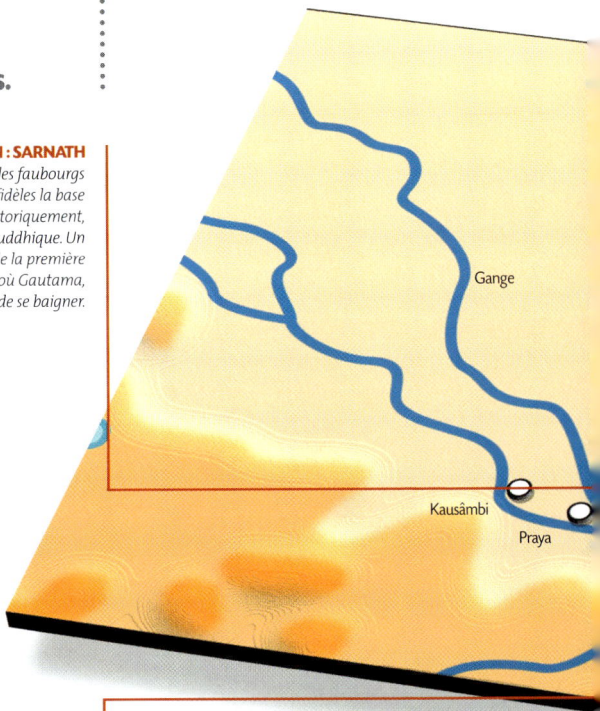

Gange

Kausâmbi

Praya

LIEU D'ÉVEIL : BODHGAYA

*Sur les bords de la rivière Nirandjana, dans le Bihar, au nord-est de l'Inde, un petit bourg : Bodhgaya. Là, en embrassant l'inconnaissable, Siddharta Gautama est devenu le Bouddha. Le figuier sous lequel il était assis s'apparente depuis à l'arbre de la **Bodhi** (éveil à la Connaissance). C'est ici que fut fondé le premier monastère bouddhique. Un monument, le temple Mahabodhi, construit une première fois vers le VIIᵉ siècle de notre ère, célèbre cet important lieu pour les pèlerins.*

LIEU DE NAISSANCE : LUMBINI

Le 4 février 1996, dans la plaine verdoyante du Teraï, le premier ministre népalais Sher Sahadur Deuba a officiellement localisé, à Lumbini, la naissance du Bouddha. La mise au jour d'une pierre dans une chambre en brique des ruines du monastère Maya confirme les hypothèses antérieures émises autour de cet emplacement signalé par l'empereur Açoka en 249 avant Jésus-Christ.
Le grand architecte japonais Kenzo Tange – connu pour les installations olympiques à Tokyo (1964), le parc de la Paix à Hiroshima (1956) et plus récemment la nouvelle mairie de Tokyo (1991) – a été sollicité pour construire à Lumbini un gigantesque centre international bouddhique.

Sarayu

Kapilavastu

Lumbini

NAISSANCE

Papa

MORT

Kusinagara

Saketa

Sarnath   **1ᴱᴿ SERMON**

Vaisali

Bénares

Pataliputra

Sona   **ÉVEIL**

Râjagrha

BodhGaya

Les quatre grandes stations de la vie du Bouddha.

LIEU D'EXTINCTION : KUSINAGARA

*Le **Bouddha**, infatigable voyageur, revient au terme de sa vie dans le pays de son enfance. Sa dernière étape au pays des Malla l'emmène dans l'agglomération de Kusinagara. Après l'ultime trépas, sa dépouille aurait été incinérée et ses cendres partagées entre différents dignitaires. Les reliques du défunt Bouddha sont, selon la tradition, conservées respectueusement dans divers **stupas**.*

L'expansion du bouddhisme

L e bouddhisme a gagné l'ensemble de
l'Asie par différentes voies. Du Pays
de l'Éléphant (l'Inde) à la Barrière couleur
pourpre (la Grande Muraille de Chine),
il y eut les voies terrestres septentrionales,
les mythiques routes de la soie.
Ce rayonnement fut aussi relayé par les
voies maritimes méridionales. L'île de
Ceylan, qualifiée de « fille aînée du
bouddhisme », est devenue sous
l'impulsion de l'empereur Açoka, une terre
de diffusion vers l'Asie des rizières. Pour
transmettre l'enseignement, s'initier eux-
mêmes à la doctrine, moines et érudits
n'hésitent pas à surmonter écueils et
obstacles.

En Occident

Au XIXᵉ siècle, avec notamment le
philosophe allemand Arthur Schopenhauer,
puis par les travaux d'érudits européens et
américains, la pensée bouddhique
appartient aux spécialistes et à certains
courants ésotériques. Dans la première
moitié du XXᵉ siècle, les récits d'écrivains-
voyageurs émerveillent une génération
éprise de liberté. La venue dans les
années 50 de maîtres japonais, puis
tibétains, favorise une rencontre directe
entre la doctrine et les sociétés occidentales.
La personnalité charismatique du **dalaï-
lama**, la multiplication des centres
bouddhiques des deux côtés de l'Atlantique
renforcent l'intérêt général. Sans omettre
un paramètre propice : la crise d'identité qui
affecte le monde moderne.

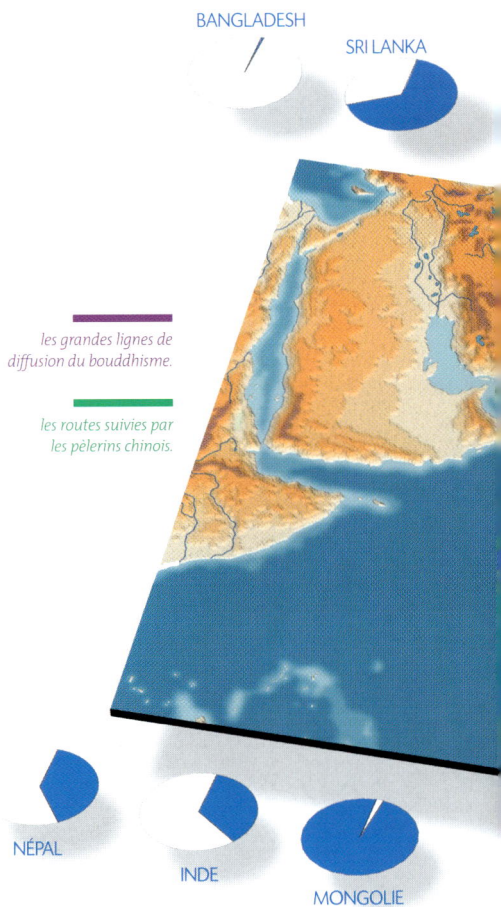

BANGLADESH

SRI LANKA

les grandes lignes de
diffusion du bouddhisme.

les routes suivies par
les pèlerins chinois.

NÉPAL

INDE

MONGOLIE

Combien de bouddhistes en France ?

Cinq millions de sympathisants ? Six cent mille pratiquants ? Ces chiffres sont invérifiables. Aucun acte notifié ne déclare la qualité de bouddhiste. Prendre refuge dans les Trois Joyaux (premier engagement bouddhique), suivre l'enseignement d'un maître, méditer ou faire une longue retraite, cela suffit-il à être bouddhiste ? Seule certitude : la grande majorité des bouddhistes appartient à la communauté asiatique.

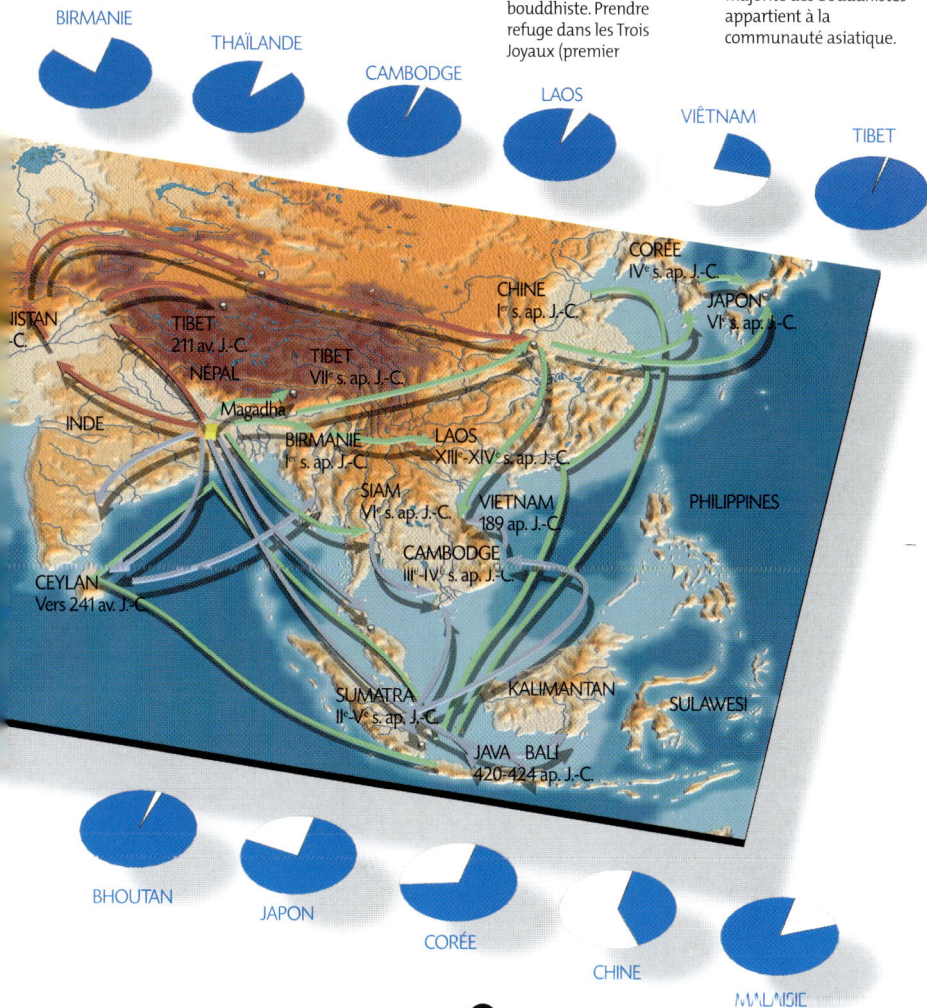

BIRMANIE

THAÏLANDE

CAMBODGE

LAOS

VIÊTNAM

TIBET

CORÉE
IVe s. ap. J.-C.

CHINE
Ier s. ap. J.-C.

JAPON
VIe s. ap. J.-C.

TIBET
211 av. J.-C.

NÉPAL

TIBET
VIIe s. ap. J.-C.

ISTAN
C.

INDE

Magadha

BIRMANIE
Ier s. ap. J.-C

LAOS
XIIIe-XIVe s. ap. J.-C.

SIAM
VIe s. ap. J.-C.

VIETNAM
189 ap. J.-C

PHILIPPINES

CEYLAN
Vers 241 av. J.-C

CAMBODGE
IIIe-IVe s. ap. J.-C.

SUMATRA
IIe-Ve s. ap. J.-C.

KALIMANTAN

SULAWESI

JAVA BALI
420-424 ap. J.-C.

BHOUTAN

JAPON

CORÉE

CHINE

MALAISIE

Les routes de la soie

Le bouddhisme se répand en Asie centrale et en Chine par les routes de la soie. Les oasis qui jalonnent les contrées inhospitalières et désertiques deviennent d'importants foyers de cultures bouddhiques.

De la soie, de l'or et des pierres précieuses

Le long des routes de la soie, les monastères jouent également un rôle de forteresse, de caravansérail ou de banque. Les grottes de ces régions recèlent des milliers de manuscrits, peintures et statues bouddhiques. Les commerçants convoient la précieuse marchandise chinoise, la légendaire soie, mais aussi de l'or, des pierres précieuses, des fourrures et des épices et tissent avec les moines des relations de coopération. Laïcs et religieux favorisent le brassage des peuples et facilitent le cheminement des idées. La propagation bouddhique s'étend sur cette immense aire d'échanges eurasiatiques.

Au cœur de l'Asie centrale

À partir du IIIe siècle de l'ère chrétienne, des moines chinois se mettent en quête des textes fondamentaux bouddhiques et empruntent les pistes de la fameuse Sérinde, contrée archéologique qui s'étend de l'Iran à la Chine, cernée au Sud par l'Inde. Au VIIe siècle, pour rejoindre l'Inde, des pèlerins chinois entreprennent de périlleux voyages à travers les sables brûlants du désert, les passes enneigées des montagnes et les luxuriantes oasis de l'Asie centrale. Ils doivent affronter l'inconnu. Après l'arrivée de l'islam repoussant toujours plus loin le bouddhisme vers l'Extrême-Orient, après des siècles d'oubli, les missions archéologiques de la fin du XIXe siècle et du début du XXe, notamment celles du Britannique Aurel Stein et du Français Paul Pelliot, exhument ces trésors oubliés.

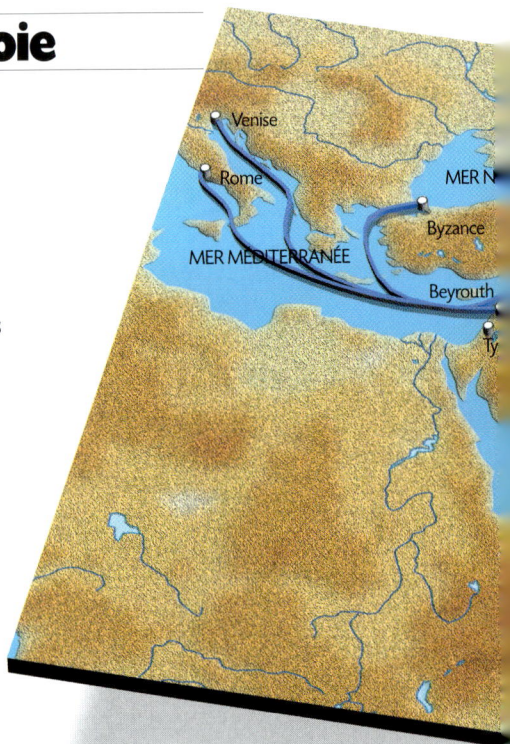

Venise

Rome

MER N

Byzance

MER MÉDITERRANÉE

Beyrouth

Ty

Les routes de la soie traversent un vaste territoire qui s'étend de la Perse à l'empire de Chine, de la Mongolie à l'Himalaya.

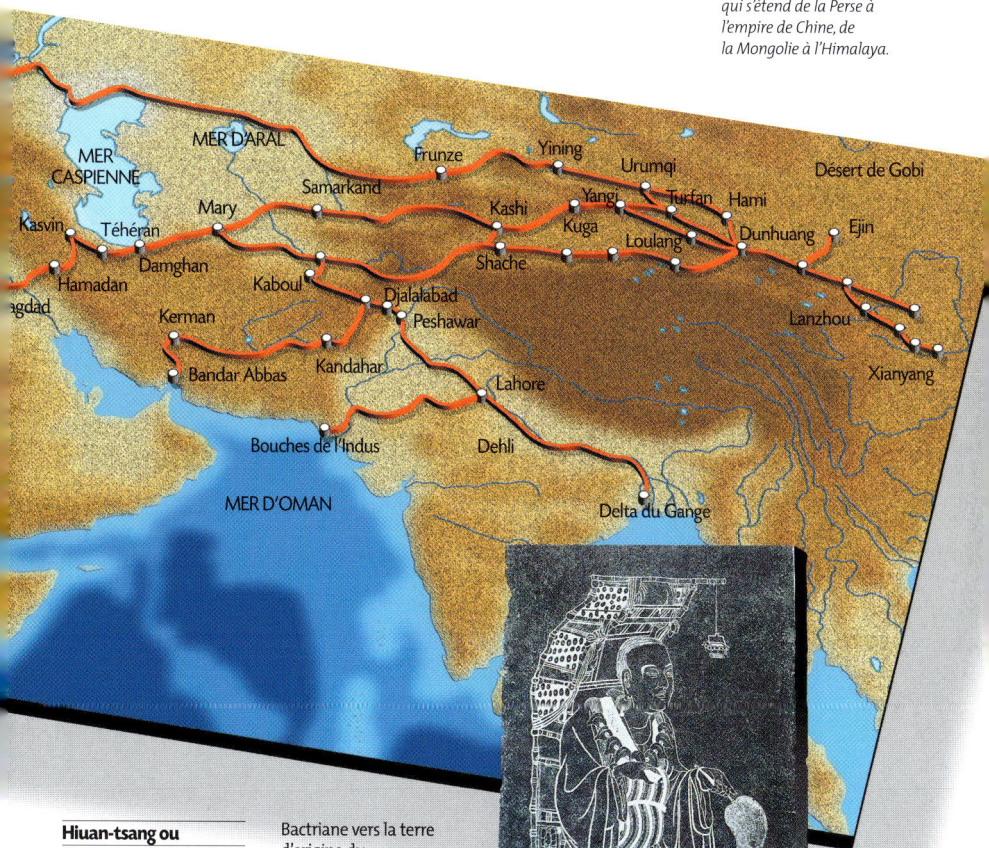

Hiuan-tsang ou Xuanzang (602-664)

Le plus célèbre pèlerin chinois, qui visita en Inde les hauts lieux du bouddhisme, est l'une des figures emblématiques de la route de la soie. Son voyage à travers l'Asie centrale l'emmena *via Kutcha*, Tachkent, Samarkande et la Bactriane vers la terre d'origine du bouddhisme. Il brava mille dangers pour collecter un grand nombre d'écritures saintes. Deux ouvrages écrits par ses disciples, *Mémoire sur les pays occidentaux à l'époque des grands Tang* et sa biographie, content ses aventures.

Les bouddhas de méditation

Au sein du panthéon cosmique de la tradition du **Mahayana** et du **Vajrayana**, les cinq bouddhas transcendants ou bouddhas de méditation sont issus de la méditation de l'**Adibuddha**, le Bouddha originel, existant par lui-même et né de lui-même.

AMOGHASIDDHI
(Nord) Celui qui réalise le but. Sagesse agissante. Bodhisaltva : Visuapani. Couleur : vert. Geste : apaisement. Élément : air. Poison : la jalousie. Monture : garuda.

VAIROCANA
(centre) Le Tout Rayonnant, Le Lumineux. Sagesse de l'omniscience. Bodhisattva : Samantabhadra. Couleur : blanc. Geste : prédication. Élément : éther. Poison : l'aveuglement, l'ignorance. Monture : lion ou serpent.

AMITHABA
(Ouest) La Lumière infinie. Sagesse discriminante. Bodhisattva : Avalokitesvara. Couleur : rouge. Geste : méditation. Élément : feu. Poison : le désir, l'attachement. Monture : oie ou paon.

Les attributs des bouddhas de méditation

Un *bodhisattva*
(être d'éveil), une couleur,
un geste, une direction
cardinale, un élément,
une monture, un poison
leur sont attribués.

AKSOBHYA

*(Est) L'inébranlable. Sagesse
semblable au miroir.
Bodhisattva : Vajrapani.
Couleur : bleu. Geste : prise
de la terre à témoin.
Élément : eau.
Poison : la haine, la colère.
Monture : éléphant.*

RATNASAMBHAYA

*(Sud) L'Origine des Joyaux.
Sagesse de l'équanimité.
Bodhisattva : Ratnapani.
Couleur : jaune. Geste : don.
Élément : terre.
Poison : l'orgueil.
Monture : lion ou cheval.*

Les postures dans la statuaire monumentale

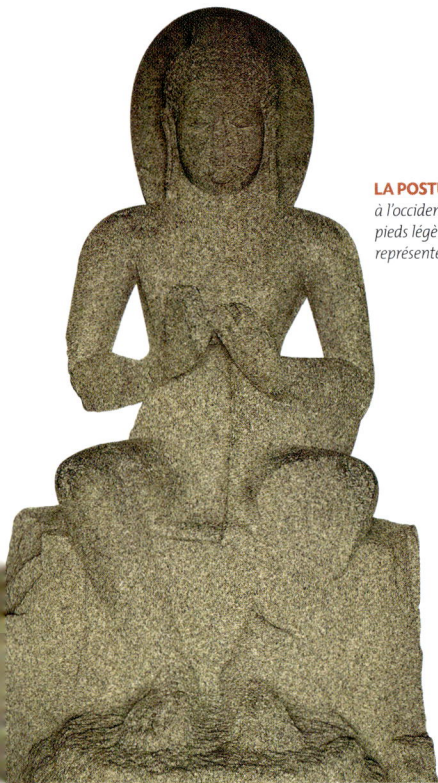

LA POSTURE ASSISE
à l'occidentale, genoux et pieds légèrement écartés, représente l'attitude royale.

LA POSTURE DEBOUT
frontale exprime, dans une attitude paisible accentuant l'impression de sérénité, la souveraineté suprême.

LA POSTURE COUCHÉE
évoque la Grande Extinction, le Bouddha au **nirvana**.

Au-delà des traits du Bouddha, caractérisés par une expression de douceur et d'intériorité et par des marques indiquant sa prédestinée (longs lobes, protubérance crânienne, cheveux bouclés rituellement entourés vers la droite ou tirés en chignon, etc.), Gautama est, quel que soit le pays, représenté dans quatre postures correspondant chacune à une attitude facilement identifiable. Même si lors de son passage sur terre, il rejeta tout culte de la personne et donc de son image, ses fidèles, au fil du temps, n'ont pu s'empêcher de le célébrer.

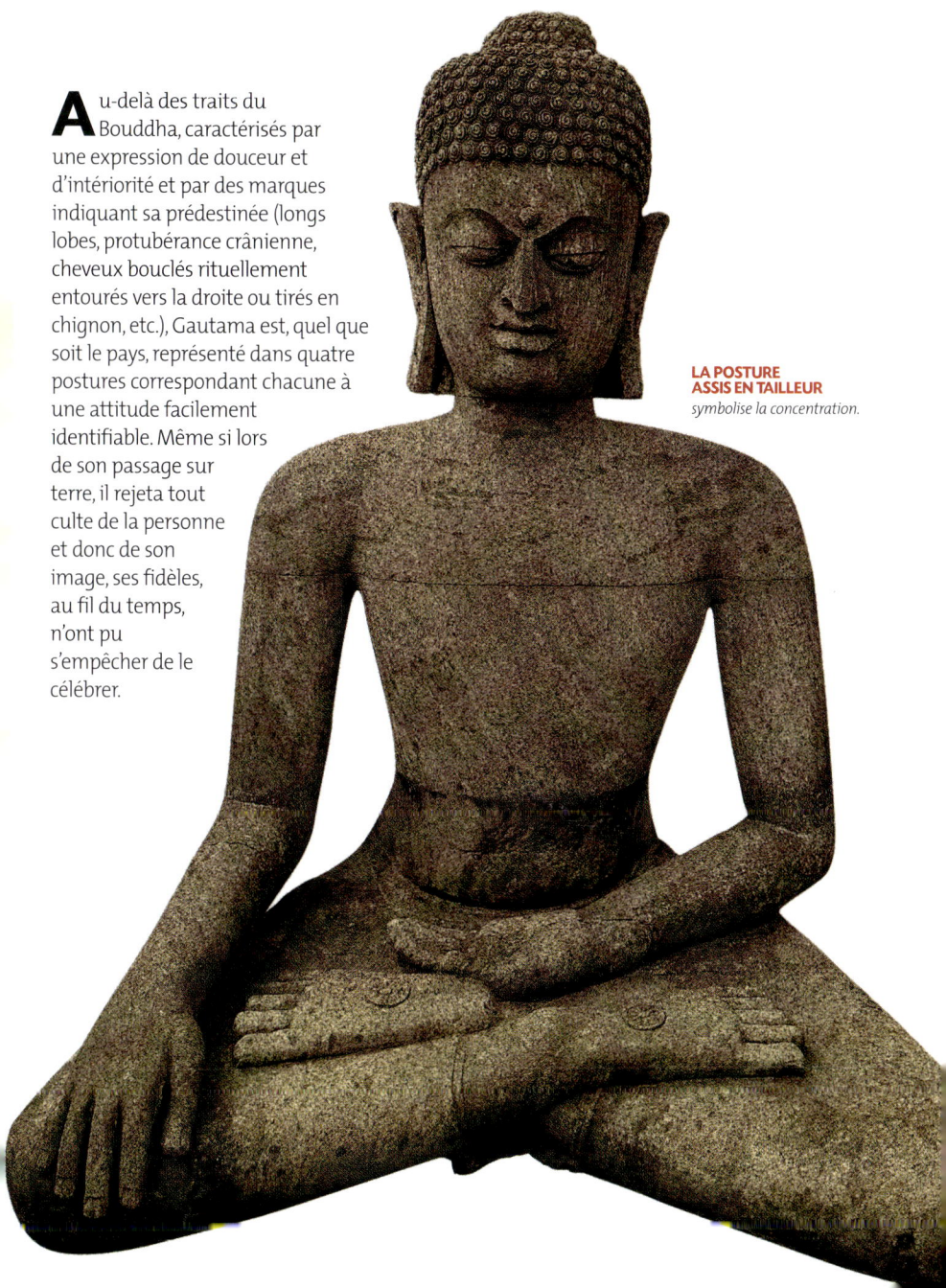

LA POSTURE ASSIS EN TAILLEUR
symbolise la concentration.

La gestuelle dans la statuaire

DHARMACAKRA-MUDRA
Geste de prédication
(Faire tourner la « roue de la Loi »)

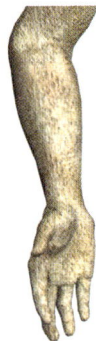

VADARA-MUDRA
Geste de don

VITARKA-MUDRA
Argumentation

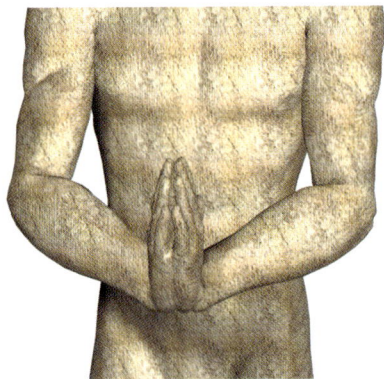

ANJALI-MUDRA
Offrande

Il existe un canon précis concernant les gestes (*mudra*). Dans l'iconographie bouddhique, chaque geste de la main symbolise une attitude. Geste de protection, de respect, d'accueil, de l'absence de crainte ou de prière, il y en aurait plus de cent trente... Il s'agit d'un véritable langage emprunté en partie à la tradition mythologique indienne.

ABHAYA-MUDRA
Sauvegarde

DHYANA-MUDRA
Méditation

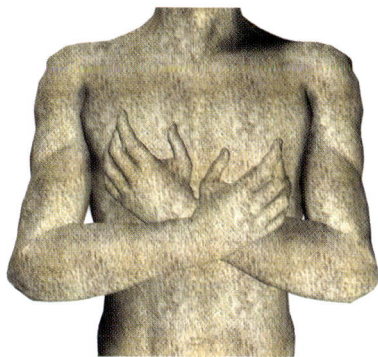

PRAJNALINGANABHINAYA
Embrassement

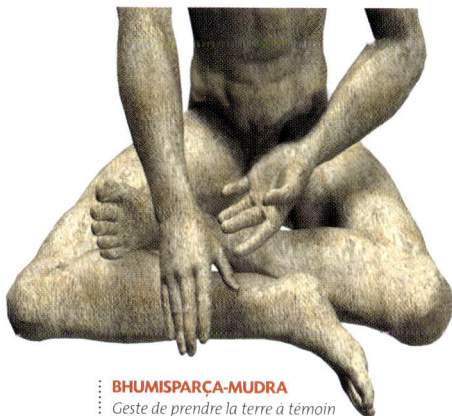

BHUMISPARÇA-MUDRA
Geste de prendre la terre à témoin

LE TEMPLE VU D'EN HAUT

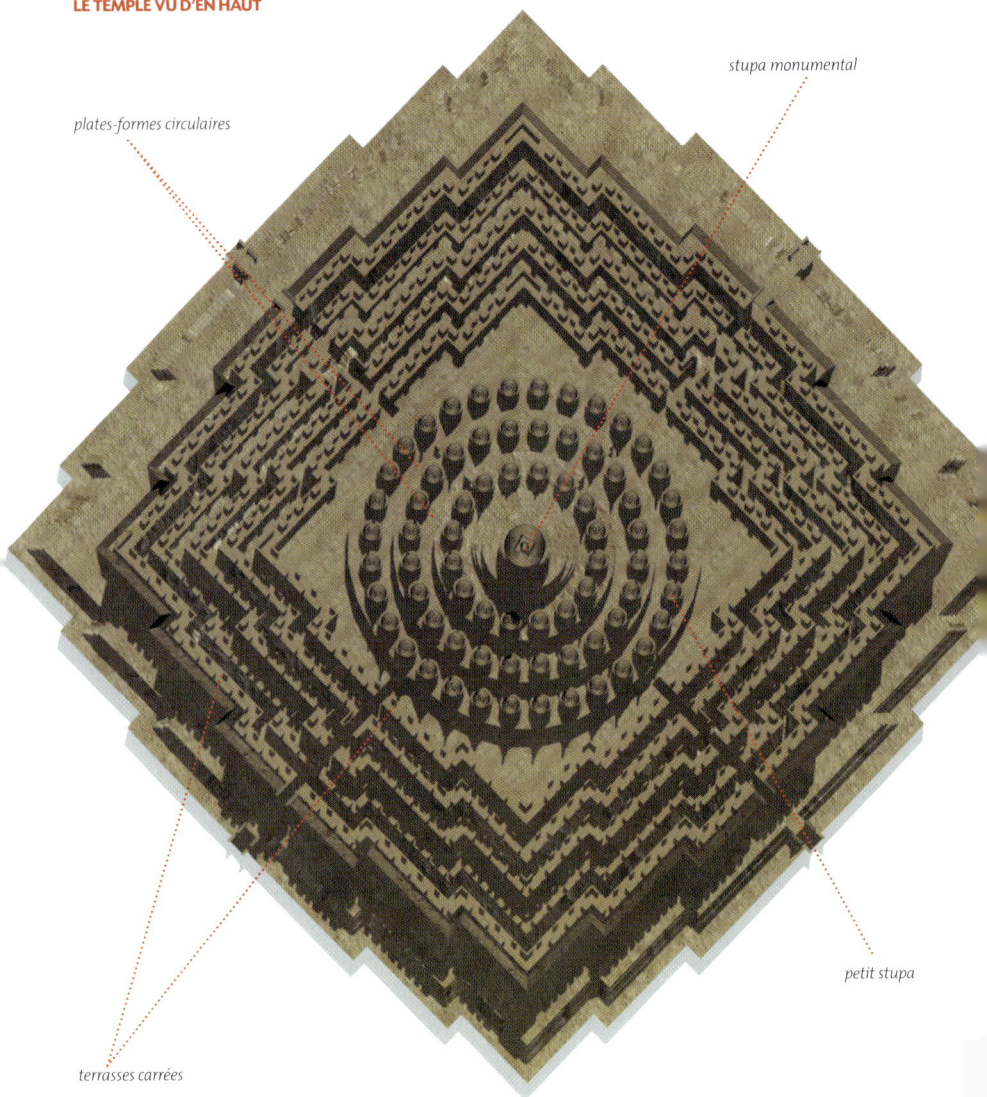

plates-formes circulaires

stupa monumental

terrasses carrées

petit stupa

Borobudur, mandala de pierre

Grandiose monument pyramidal édifié à flanc de colline, cette majestueuse architecture s'inscrit au cœur d'un cirque volcanique comme un joyau de l'art bouddhique.

La découverte

Borobudur, orienté selon les points cardinaux, fut construit entre la fin du VIIIe siècle et le milieu du IXe siècle. Sa magnificence, redécouverte au centre de Java, en Indonésie, en 1814, par Sir Stamford Raffles, symbolise à la fois la terre et le ciel.

Un parcours initiatique

Forêt de symboles, dont certains demeurent aujourd'hui encore non déchiffrés pour ne pas dire totalement mystérieux, ce parcours pédagogique et initiatique illustre la loi bouddhique et sa sagesse, passant du monde des désirs et des passions à celui des formes et des apparences pour atteindre le monde du divin, celui de la non-forme, de la non-apparence, de la **vacuité**. Ses étages nécessitent une ascension tant physique que spirituelle pour atteindre la réalité cosmique, représentée à son sommet par le stupa central.

Borobudur, **mandala** de pierre, comporte trois niveaux : une base pyramidale comprenant cinq terrasses carrées, surmontée d'un tronc de cône (trois plates-formes circulaires), lui-même couronné d'un stupa monumental. Les murs et les balustrades des galeries sont ornés de bas-reliefs relatant les épisodes légendaires de la vie du Bouddha historique auxquels s'ajoutent d'autres motifs indo-javanais ainsi que les vies antérieures (*jataka*) de l'Éveillé.

Soixante-douze stupas abritant autant de Bouddhas de pierre bordent les terrasses circulaires.

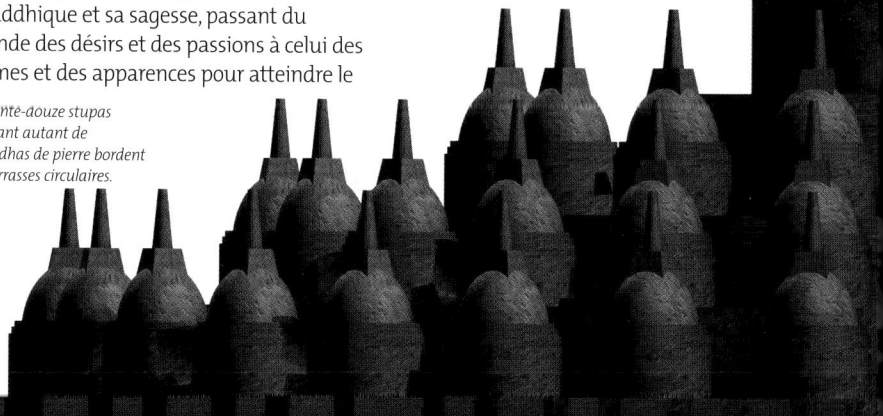

Le stupa ou chorten

À l'origine, ces tumulus funéraires étaient dédiés aux reliques du Bouddha. Par extension, ces monuments ont recueilli les restes de grands maîtres bouddhistes.

Un édifice cultuel

Aujourd'hui, lieux de pèlerinage élevés pour la dévotion bouddhique, ces édifices – il en existe de toutes tailles et de toutes dimensions – ont pris des formes diverses selon les pays et les aires culturelles.
Le stupa en **sanskrit** ou **chorten** en tibétain, symbole le plus vénéré dans le monde bouddhique, peut contenir des textes sacrés, des objets rituels ou les reliques de grands sages. Les fidèles rituellement déambulent plusieurs fois dans le sens des aiguilles d'une montre autour de cet édifice architectural. Au Tibet et dans les royaumes himalayens, un stupa peut être érigé à l'entrée d'un village ou sur le bord d'une route afin d'éloigner des forces négatives ou des mauvais esprits.
Plus symboliquement, il matérialise les trois refuges du bouddhisme : le Bouddha, le *dharma* (la Doctrine) et la *sangha* (la communauté).
Les marches inférieures représentent la communauté monastique (*sangha*).
La base cubique évoque l'enseignement transmis par l'Éveillé (*dharma*).
Le bulbe reposant sur la structure symbolise le Bouddha.
L'axe vertical orné de treize disques empilés symbolise les treize états supra-humains.
L'ensemble rappelle une figure de l'univers.

Chorten du Tibet central

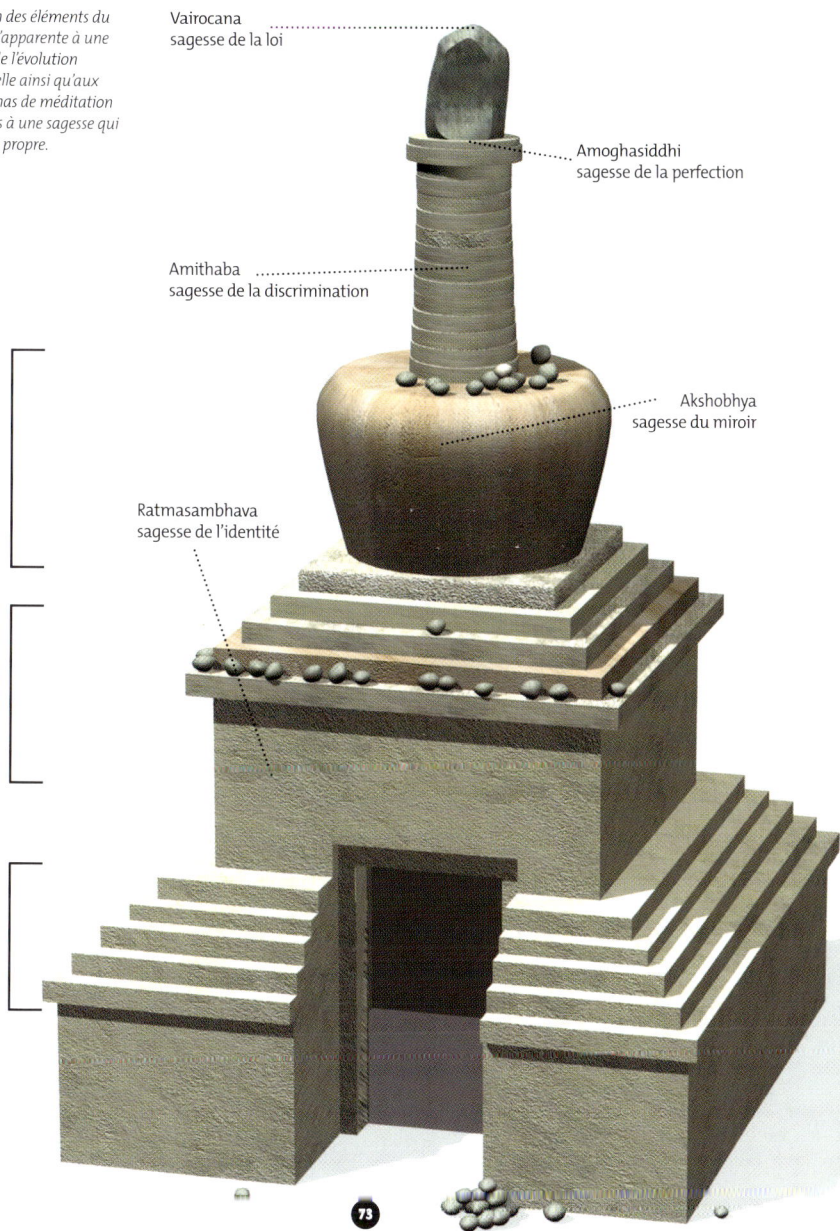

Chacun des éléments du stupa s'apparente à une étape de l'évolution spirituelle ainsi qu'aux Bouddhas de méditation associés à une sagesse qui leur est propre.

Vairocana
sagesse de la loi

Amoghasiddhi
sagesse de la perfection

Amithaba
sagesse de la discrimination

Akshobhya
sagesse du miroir

Ratmasambhava
sagesse de l'identité

BOUDDHA

DHARMA

SANGHA

LE MANDALA EST UN DIAGRAMME SACRÉ DONT CHAQUE PARTIE EST MISE EN RELATION AVEC L'UNIVERS.
Le maddala de Vairocana apporte des mérites aux personnes décédées, au cours d'un rituel.

CERCLE DE LOT

LES ENCEINTES SACRÉES
*Percées de portes, elles sont
surmontées de portiques
et entourent le palais
au centre duquel siègent
la divinité.*

4 JIVAS
*(Bouddhas
de méditation)*

LE PALAIS SACRÉ
*Résidence de la divinité
des mandala, ici Vairocana,
bouddha suprême.*

MANADALA DE VAIROCANA, TIBET, XVIII° SIÈCLE, MUSÉE GUINET

Le mandala

Ce terme sanskrit signifie cercle. Représentation du monde idéal, le mandala, réalisé en pierre, en sable coloré ou peint, est un support de méditation.

Diagramme sacré, le mandala symbolise aussi bien le microcosme de l'énergie psychique que l'univers cosmique. Ses couleurs renvoient à des passions dont il faut s'affranchir. Le blanc représente l'ignorance, le rouge la concupiscence… Généralement le cœur du mandala abrite la divinité principale associée à la méditation, le carré central loge les divinités secondaires. L'ensemble pictural s'inscrit dans un ou plusieurs cercles concentriques : le cercle des cimetières, encore lié au monde des sensations, le cercle du feu, destiné à brûler l'ignorance, le cercle des vajra, symbole de stabilité, le cercle des lotus stylisés, symbole de la conscience pure. Le mandala, selon un texte tantrique, est l'essence même de la réalité. Son élaboration se réalise parfois par de longs rituels. Le mandala, sous l'autorité initiatique d'un maître, ouvre pour le pratiquant des voies contemplatives. Comme l'explique Dagpo *Rimpotché* : « Pour choisir son mandala, il faut éprouver, comme avec une personne, une attirance particulière pour lui, je veux dire, pour la figure qui en occupe le centre et qui varie d'un mandala à l'autre. »

Le mandala de Kalachakra

Le Kalachakra ou « La Roue du Temps » est un **tantra** occupant une place unique dans le bouddhisme tibétain. Il expose des pratiques pouvant conduire directement en une seule vie à l'état de Bouddha et prend en compte le corps et l'esprit humains ainsi que des données astrologiques, astronomiques et mathématiques. Le mandala de Kalachakra représente un palais divin, le royaume de Shambhala, une terre pure légendaire nichée dans l'Himalaya où régneraient la prospérité et le bonheur. Dans l'initiation du Kalachakra, dont le dalaï-lama est dépositaire, la confection du mandala, support de méditation, est un élément de l'enseignement. En 1995, au parc de La Villette à Paris, des moines tibétains du monastère Namgyal de Dharamsala ont réalisé, pendant six semaines, un mandala de sable célébrant Kalachakra. Une œuvre dépassant l'entendement conçue dans un complexe assemblage de minces filets de poudre aux couleurs vives et nuancées. Une fois terminée, la Roue du Temps fut dans un geste d'impermanence dispersée dans les eaux du canal de l'Ourcq.

Fêtes bouddhiques dans l'Himalaya

Au Bhoutan, État bouddhiste situé entre le Tibet, le Sikkim et l'Inde, on fête lors d'un *Tshechu* celui qui introduisit le Vajrayana au VIIIe siècle dans les régions himalayennes : *Padmasambhava*, célèbre maître tantrique indien communément appelé Guru Rimpotché (« le précieux maître »).

Les *Tshechus*, fêtes et célébrations

« Les *Tshechus* ont lieu plusieurs jours d'affilée, entre trois et cinq jours selon les endroits, pendant lesquels ont lieu des danses bien déterminées à contenu religieux. Elles sont exécutées soit par des moines, soit par des laïcs, soit par des gomchens (religieux laïcs) et leur répertoire est pratiquement partout le même. Certains Tshechus se terminent par la vénération d'un immense **thangka** (bannière peinte) qui représente Guru Rimpotché et ses Huit Manifestations », explique Françoise Pommaret, chercheur au CNRS, dans son livre *Bhoutan* (voir Bibliographie).

Ces danses spectaculaires, véritables réjouissances sacrées, aux sons des cymbales, tambourins et des longues trompes, tracent à travers le cercle et la spirale une symbolique complexe et ésotérique de la puissance du cosmos et de la nature. Certaines dessinent au sol les figures tantriques d'un mandala. Les pas frappés des danseurs masqués scandent ces journées joyeuses. Ces danses glorifient le bouddhisme, purifient ou protègent

Moine danseur au cours d'une répétition.

(le chamanisme perdure dans les Himalayas) ou content des récits locaux. Une telle intensité nécessite des intermèdes des plus comiques.

LES ATSARAS, CES « FOUS DIVINS »	
Les atsaras (bouffons arborant des masques hilares), parfois armés d'un imposant phallus, improvisent en se moquant aussi bien d'une danse sacrée que des nobles présents dans la foule. Moinillons, jeunes filles et adolescents, paysans, commerçants, fonctionnaires, religieux et	*aristocrates ne manqueraient pour rien ces cérémonies suspendues entre le spirituel et le temporel. Ces festivités sont l'occasion pour l'ensemble de la population de se retrouver, d'échanger, de flirter même et de s'amuser en admirant une chorégraphie hautement culturelle.*

Dans son livre, La Civilisation tibétaine,
Rofl A. Stein décrit les danses masquées
comme des « pantomimes accompagnées
de musique. Bien qu'elles soient
purement rituelles, elles n'en sont pas
moins des créations artistiques,
des chefs-d'œuvre de mise en scène et
de chorégraphie. Les pas de danse sont
réglés dans le moindre détail, et la troupe
est dirigée par un moine qui fait fonction
de maître de danse. »

Danse des " chapeaux noirs ".

77

Jardin zen

Au XIVᵉ siècle, des moines zen créent un style nouveau de jardin : le *kare sansui* ou jardin sec. Conçu pour la méditation, il se caractérise par son remarquable agencement de sable et de pierres. Une composition souvent inspirée de la tradition picturale chinoise.

LE JARDIN SEC DU TEMPLE BOUDDHIQUE DE RYOAN-JI

Ce jardin zen, construit à Ukyo-ku près de Kyoto, au Japon, est l'un des plus célèbres. Dessiné au XVᵉ siècle, ce kare sansui est attribué au célèbre paysagiste Soami, également maître de la cérémonie du thé et de l'art de l'arrangement floral (ikebana). L'étendue des petits graviers blancs soigneusement ratissés chaque jour par des moines-jardiniers évoque pour les uns les vagues de l'océan et pour d'autres des nuages flottant entre terre et brume. Les quinze pierres de formes et de tailles différentes, rassemblées en cinq groupes, sont disposées d'une telle manière que le contemplateur ne peut en voir que quatorze, quel que soit l'endroit où il se trouve. Si l'ensemble rappelle les montagnes sacrées de Chine, chacune des pierres figurerait le Bouddha, une légendaire baleine, une tigresse et ses petits, une tortue (incarnation de la longévité), la grue (oiseau messager des dieux). Le jardin sec de Ryoan-ji concentre les sept qualités de l'art zen : l'asymétrie, l'austérité, la liberté, le naturel, la sérénité, la simplicité et la subtilité.

Les huit signes de bons auspices

Dans la culture tibétaine, les signes de bon augure figurent généralement sur les objets de culte, les bannières dressées autour des temples ou les rideaux de maison chez les laïcs.

LOTUS

La fleur de lotus est connue pour pousser et sortir des eaux boueuses. Le lotus symbolise donc la possibilité pour tout être de sortir de la confusion du **samsara** et d'atteindre l'état pur de la délivrance. Cette délivrance (nirvana) ne peut être obtenue qu'après avoir purifié son corps, sa parole et son esprit de toute souillure. La fleur de lotus est également synonyme de douceur et de compassion.

LES DEUX POISSONS D'OR

Le poisson est synonyme de liberté et de mouvement. Lorsque l'individu a vaincu la dépendance de son ego, il aboutit alors à un état dit « naturellement libre de toute crainte et de souffrance ». De même que le poisson nage librement, l'individu pleinement réalisé peut alors vivre au-delà de tout enchaînement cyclique et expérimenter le bien-être de la délivrance.

BANNIÈRE DE VICTOIRE

La bannière symbolise la victoire des actes vertueux et du bien sur les obstacles, le mal et les forces négatives. Épithète du Dharma, cette victoire ne peut être que fondée sur la maîtrise de soi par la conquête des sources de la souffrance qui sont en nous et par la réalisation intérieure de l'individu. La bannière est aussi la représentation symbolique de la réalisation ultime.

VASE

Le vase du trésor représente la longévité, la prospérité et le bien-être perpétuel pour tous les êtres. Le bien-être perpétuel est l'expression même de l'état de délivrance de la souffrance et de l'enchaînement du cycle des existences. Au niveau ordinaire, le vase est synonyme de richesses matérielles et d'acquisition des connaissances et de qualités.

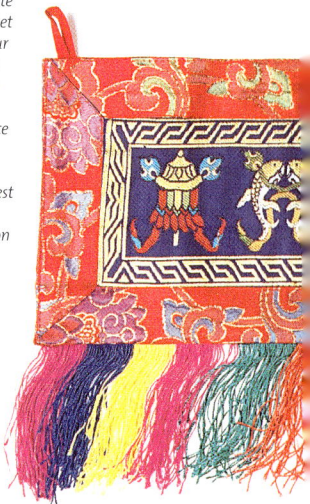

CONQUE BLANCHE

La conque blanche symbolise le son à la fois agréable et profond de l'enseignement du Dharma. Le son du Dharma détient la capacité de réveiller les êtres de leur sommeil d'ignorance et de les encourager à poursuivre le bien pour eux-mêmes et autrui. Au niveau ordinaire, la conque blanche indique le rayonnement personnel ou la renommée de l'individu.

NŒUD

Le nœud symbolise l'union ou l'interdépendance de tout. Cette union se manifeste à tous les niveaux de la réalité : union de l'enseignement spirituel et de la vie séculaire, indifférenciation entre sagesse et méthode, interdépendance entre les éléments, indissociabilité du vide et de la forme, union de l'apparence et de l'irréalité... Au niveau ordinaire, le nœud symbolise le lien d'amitié et de fraternité.

PARASOL

De même qu'il nous protège de la chaleur, le parasol représente la fraîcheur du bien-être que l'on peut expérimenter grâce aux pratiques du Dharma. Le parasol est alors synonyme de la protection contre le mal provoqué par les maladies, les obstacles et les forces négatives, ainsi que contre toute forme de souffrance vécue dans l'existence cyclique (samsara).

ROUE

La roue à huit branches représente la mise en mouvement des cycles des enseignements du Bouddha. Par ailleurs, selon la tradition indienne, la « roue » désigne le Roi Universel victorieux de tous ses adversaires. De même, la roue du Dharma est seule capable de vaincre les sources de confusion et de souffrance du monde.

SOURCE : ACTUALITÉS TIBÉTAINES, N° 8, 4e TRIMESTRE 1997. AVEC L'AIMABLE AUTORISATION DE L'ASSOCIATION DU SOUTIEN DU BUREAU DU TIBET À PARIS.

Impressions de voyages en terre bouddhique

Les hauts lieux du bouddhisme, temples et pagodes, stupas et monastères, splendeurs du patrimoine universel, induisent pèlerins et voyageurs à la contemplation. Ces monuments sacrés chargés de sens et de sérénité jalonnent sous mille et une formes les pays d'Asie. Ces sites, mystérieux et troublants pour les Occidentaux, ont inspiré de grands écrivains et voyageurs.

AJANTA

INDE
GROTTES D'AJANTA
« Devant les murs des cavernes couverts de peintures, impression de confusion tout d'abord, de surcharge, d'extrême multiplication de personnages, presque de grouillement. Opposition avec l'Occident. »
Philippe Stern,
Les Théâtres d'Asie,
C.N.R.S., 1968.

« Le culte des pagodes
s'explique difficilement,
bien qu'il ait pu prendre
naissance à l'origine dans le
respect dû aux reliques de
Bouddha ou de ses apôtres
dont elles recueillirent les
restes sacrés. On offre à la
pagode des fleurs, des
cierges et des feuilles d'or... »
Claude Moisy, *Birmanie*.
Éditions Rencontre, Atlas
des voyageurs.

PAGAN

⭐

**BIRMANIE (MYANMAR)
PAGODE DE SHWEDAGON,
RANGOON**

« C'est la pagode pour
laquelle j'ai entrepris ce
long pèlerinage, la plus
sainte des pagodes de
Birmanie, qui contient des
reliques des cinq
Bouddhas, et trois
cheveux de Gautama, le
dernier venu des cinq. Elle
est millénaire ; depuis les
vieux temps, les fidèles y
accourent de tous les
points de l'Asie, apportant
des richesses et de l'or, de
l'or surtout, des plaques
et des feuilles d'or, pour
épaissir cette couche
magnifique dont sa
grande tour est revêtue
et qui miroite là-bas sous
ce soleil. »
Pierre Loti, *Les Pagodes
d'or*. Éditions Kailash.

« Il n'y a point de paroles
assez magnifiques pour
exprimer ce que je viens
de voir. »
François-Timoléon de
Choisy (abbé mondain
rejoignant, en 1685,
l'ambassade de Louis XIV
à la cour siamoise),
Journal du voyage de Siam,
Éditions Fayard.

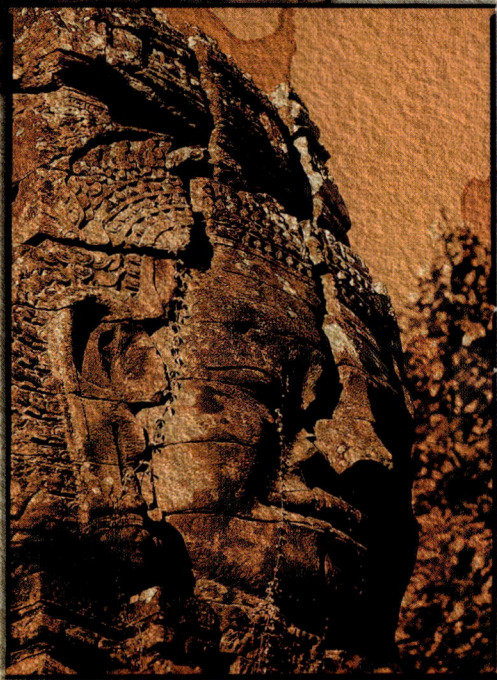

**CAMBODGE
ANGKOR THOM,
LE BAYON**

« À la vue de ce temple,
l'esprit se sent écrase,
l'imagination surpassée ;
on regarde, on admire, et,
saisi de respect, on reste
silencieux ; car où trouver
des paroles pour louer
une œuvre architecturale
qui n'a peut-être pas, qui
n'a peut-être jamais eu
son équivalent sur le
globe. »
Henri Mouhot
(naturaliste français qui,
en 1860, découvre, au
cœur de la jungle, les
ruines monumentales
d'Angkor), *Voyage dans les
royaumes de Siam, de
Cambodge, de Laos*,
Éditions Olizane.

JAPON, TRÉSORS DE NARA

« Dans le sol – pourtant "illusoire" – de Nara, la doctrine de la Renonciation semble plonger des racines fortes et gourmandes. Tout ce qui reste aujourd'hui des temples de cette époque suggère non tellement le détachement qu'une affirmation triomphale. » Nicolas Bouvier, *Chronique japonaise*. Éditions Payot.

NARA

AYUTTHAYA

ANGKOR TI JOM

INDONÉSIE BOROBUDUR

« Le sanctuaire couvre tout le sommet de la colline. Il est fait de quatre terrasses quadrangulaires superposées, surmontées de trois terrasses rondes, de circonférences décroissantes, ce qui donne à l'ensemble la forme du sein des femmes de Java, carré à l'attache, puis arrondi en demi-sphère. Le volume de maçonnerie est du même ordre que celui des cathédrales. » Roger Vailland, *Voyage à Bali, Java et autres îles*. Éditions Kailash.

BOROBUDUR

Le zen dans l'art du tir à l'arc

Exercice de concentration de la pratique zen, le kyudo (« voie du tir à l'arc »), à différencier de la simple activité sportive, nécessite une parfaite maîtrise mentale. L'essentiel de cette discipline réside dans la recherche d'un absolu équilibre entre le corps et l'esprit. Avant le tir, l'archer se recueille. Stabilité et domination de soi sont indispensables. Posture juste, respiration contrôlée participent activement à cet art. Une gestuelle cérémonielle entoure ce noble entraînement spirituel codifié dans des textes datant du XVIIIᵉ siècle.

Sans l'harmonie, la plénitude du vide n'existe pas. Cette quête de la vacuité de la pensée, proche de la méditation, s'applique à fondre les mouvements dans un ensemble fluide. L'acte et le résultat ne faisant qu'un, il n'y a pas de but à atteindre dans la pratique. Toucher la cible n'est pas le dessein ultime...

« L'arc, la flèche, la cible n'existent pas. C'est l'esprit qui tire même sans arc. »
Maître Anzawa

TROUVER

DES PAROLES DE SAGESSE ET DES KOAN À MÉDITER. UN CONTE KI IMER
POUR LES ENFANTS. LE TÉMOIGNAGE D'UN PRATIQUANT.
LES GRANDES FIGURES DU BOUDDHISME. TENZIN GYATSO, LE XIVᵉ DALAÏ-LAMA.
LES FILMS, LES LIVRES ET LES ADRESSES…

Qu'est-ce que le bouddhisme ?
Jorge Luis Borges

Clair et érudit, l'ouvrage de l'écrivain argentin (1899-1986) constitue l'une des meilleures introductions à la pensée bouddhique. L'extrait suivant reprend la parabole de l'homme blessé par une flèche.

« Le bouddhisme, qui est aujourd'hui une religion, une théologie, une mythologie, une tradition picturale et littéraire, une métaphysique ou, plutôt, une série de systèmes métaphysiques qui s'excluent l'un l'autre, fut à l'origine une discipline de salut, une sorte de yoga (le mot yoga est voisin du mot latin *jugum*, « joug »). Le Bouddha, quant à lui, refusa toutes les discussions abstraites parce qu'elles lui semblèrent inutiles et il formula la célèbre parabole de l'homme blessé par une flèche et qui ne veut pas qu'on la lui retire avant de connaître la caste, le nom, les parents et le pays de celui qui l'a blessé. Procéder ainsi, dit le Bouddha, c'est se mettre en danger de mort ; moi j'enseigne à ôter la flèche. Par cette parabole, il répondit à ceux qui lui demandaient si l'univers est infini ou fini, s'il est éternel ou s'il a été créé.

Une autre parabole cite le cas d'un groupe d'aveugles de naissance qui désiraient savoir ce qu'était un éléphant. L'un d'eux lui toucha la tête et dit que c'était comme une grande cruche ; un autre la trompe et dit que l'éléphant était comme un serpent ; un autre, les défenses et il dit qu'elles étaient comme des socs de charrue ; un autre, le flanc et dit que c'était comme un grenier ; un autre, la patte et dit que c'était comme un pilier. Ceux qui prétendent savoir ce qu'est l'univers commettent une erreur semblable. »

Qu'est-ce que le bouddhisme ? Gallimard, Collection Idées, 1979

Le devisement du monde
Marco Polo

**Quand Marco Polo rédige, en 1298, un manuscrit contant
son incroyable odyssée en Asie, cet Occidental chrétien évoque
dans ses pages intitulées *Ci devise encore de l'île de Seilan*
un personnage alors inconnu en Europe... Une description fantaisiste
d'un délicat damoiseau, la première du genre. Extrait stupéfiant
sur fond de vérité.**

« Et ce Sagamoni Burcan (le Bouddha) fut le premier homme au nom duquel fut fait premièrement idole ; car selon leur usage, celui-là fut le meilleur homme qui fut jamais parmi eux, et ce fut le premier qu'ils tinrent pour saint et au nom duquel ils firent idoles. Ce fut le fils d'un grand roi et riche et puissant, et ce fils fut de si bonne vie qu'il ne voulut jamais s'entendre à nulle chose mondaine, ni ne voulut être roi. Et son père, quand il voit que son fils ne voulait être roi, et qu'il ne voulait s'entendre à nulle chose du monde, il en a grand'ire, et afin de le détourner d'un tel dessein, il lui promet de grandes choses. Il l'envoie trouver et lui offre une très grande offrande, lui disant qu'il voulait le couronner roi du royaume et qu'il en sera sire à sa volonté. Et encore, qu'il lui voulait laisser la couronne roi du royaume et qu'il en sera sire à sa volonté. Mais son fils dit qu'il ne voulait rien. [...] Après avoir profondément pensé, adonc se conduit le roi de cette manière. Car il se dit à lui-même qu'il fera une telle chose que son fils se rendra volontiers aux choses mondaines, et qu'il prendra la couronne et le royaume. Il le fait donc amener en un très beau palais et lui donne trente mille pucelles très belles et avenantes pour le servir, leur commandant de jouer avec lui tout le jour et toute la nuit, promettant à celle qui sera capable à coucher avec elle qu'elle sera son épouse, et reine. Et nuls mâles n'y osaient être, uniquement ces pucelles ; et pucelles le mettaient au lit, et pucelles le servaient à table, et pucelles lui faisaient toujours compagnie. Elles chantaient, elles sonnaient de maints instruments, elles dansaient devant lui et lui faisaient tout l'agrément possible, ainsi que le roi le leur avait commandé. Et vous dis que toutes ces pucelles ne purent tant faire que le fils du roi se laissât aller à quelques luxures, mais demeura plus fermement et chastement qu'il ne faisait auparavant, et menait très bonne vie selon leurs usages. »

Le devisement du monde, *Le Livre des Merveilles*, Phébus, 1996.

Paroles de sagesse

**Le bouddhisme est une pratique autant qu'une doctrine.
Capter son essence en quelques mots, par un aphorisme
ou par une image, est un exercice périlleux auquel adeptes
et exégètes se sont pourtant livrés. Extraits.**

« Celui qui cherche la perfection peut trouver
dans sa propre vie le reflet de la lumière intérieure. »
Okakura Kakuzo, *Le Livre du thé.*

« Ce n'est pas le Bouddha qui délivre les hommes, mais
il leur enseigne à se délivrer comme il s'est délivré lui-même.
Ils acceptent sa prédication de la vérité, non parce qu'elle vient
de lui, mais parce qu'éveillée par sa parole, une connaissance
personnelle de ce dont il leur parle se lève à la lumière de leur
esprit. »
Hermann Oldenberg, *Le Bouddha.*

« Si cent personnes dorment et rêvent, chacune d'elles fera, en songe,
l'expérience d'un monde différent. On peut dire que chaque rêve est vrai,
mais cela n'aurait aucun sens d'affirmer que le rêve d'une personne
représente le monde réel et que tous les autres sont des illusions.
Chaque être perçoit la vérité en fonction des schémas karmiques
qui conditionnent ses perceptions. »
Kalou Rimpotché.

« J'ai jeté cette toute petite chose qu'on appelle
"Moi" et je suis devenu le monde immense. »
Muso Soseki.

« Le bouddhisme est la science du bonheur.
Il se désigne comme l'extinction
de l'insatisfaction, de l'anxiété, de l'angoisse,
de la douleur, du mal d'être. »
Serge-Christophe Kolm, *Le Bonheur-liberté, bouddhisme
profond et modernité.*

90

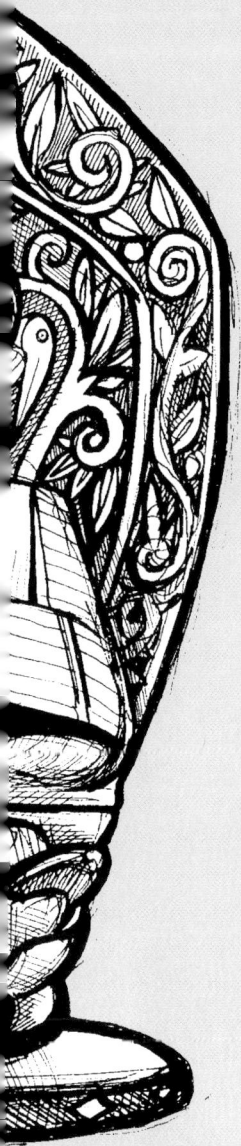

« Brisé est le corps, éteinte est l'imagination ; les sensations sont toutes évanouies ; les formations ont trouvé relâche ; la connaissance est rentrée dans son repos. Tout le bouddhisme était là, avec son néant, ni grimaçant, ni tragique, son apaisement infini. »

Description du nirvana par Paul Morand, *Bouddha vivant*.

« Notre compréhension du bouddhisme n'est pas qu'une compréhension intellectuelle. La vraie compréhension est la pratique effective. »

Shunryu Suzuki, *Esprit zen, esprit neuf*.

« Si on reprend l'étymologie du mot religion, "ce qui lie à la déité", le bouddhisme n'est pas une religion, puisqu'il n'avance pas l'idée d'un dieu créateur. Est-ce une philosophie ? Si on entend par là une quête du savoir purement intellectuel, ce n'est pas une philosophie. Mais, si par ce mot on veut dire une certaine vision humaniste de la vie, une tradition qui offre des méthodes pour mieux réfléchir et agir, alors oui, le bouddhisme est certainement une philosophie. »

Dagpo Rimpotché.

« S'attacher aux mots et aux phrases n'est pas la voie de la délivrance. »

Dogen Kigen.

« Au fur et à mesure que nous progressons dans la pratique méditative, les poisons de l'esprit deviennent moins virulents et les pensées diminuent. Quand bien même elles restent présentes, elles perdent leur caractère contraignant et ne sont donc plus cause de souffrance. Notre esprit s'apaise et connaît la joie. »

Bokar Rimpotché, *La Méditation*.

« Tous les vivants frémirent de joie »

De nombreux textes anciens relatent la vie et l'enseignement du Bouddha. Un enseignement dont la parabole est une des formes privilégiées, reprise ici dans un conte khmer.

Naissance légendaire du Bouddha selon les textes de l'Inde ancienne

« Maya fit arrêter sa litière dans un bois d'arbres fleuris. Elle en descendit, et elle allait toute heureuse. Et voici qu'elle remarqua un arbre précieux, dont les branches pliaient sous le poids des fleurs. Elle s'en approcha ; de sa main gracieuse elle attira une branche. Tout à coup, elle resta immobile. Et les femmes qui étaient près d'elle reçurent dans leurs bras un bel enfant. La mère souriait.

En ce moment même, tous les vivants frémirent de joie. La terre trembla. Dans le ciel, on entendit des chants et des danses. Les arbres de toutes les saisons se couvrirent de fleurs épanouies et de fruits mûrs. Des rayons d'une pureté sereine illuminèrent le ciel. Les malades n'éprouvèrent plus de souffrances. Les affamés se sentirent rassasiés. Ceux qui avaient égaré les liqueurs virent tomber leur ivresse. Les fous recouvrèrent la raison. Les infirmes furent sains de corps. Les pauvres trouvèrent de l'or. Les portes des prisons s'ouvrirent. Les méchants ne connurent plus le mal. »

« Au voisinage du royaume de Bénarès, vivait un tigre avec son vieux père. Ce tigre était une créature vertueuse. Reconnaissant, il veillait à apporter des aliments à son géniteur. Non loin de là, un perroquet lui aussi vertueux s'était pris d'amitié pour le tigre. Un jour, un homme sans vertu voulait traverser cette contrée. Au pied des monts, il rencontra l'oiseau. Celui-ci lui souhaita la bienvenue et lui posa toutes sortes de questions. Au fil de la conversation, le perroquet apprit que l'homme voulait se rendre à Bénarès et avait l'intention de traverser la montagne qui leur faisait face. Le perroquet lui dit que cette montagne abritait des tigres féroces et que par prudence, il valait mieux faire un détour. L'homme pressé décida d'aller au plus court. Le perroquet lui dit alors : « S'il en est ainsi, passez par ce chemin ; j'y ai un ami tigre. Si vous le rencontrez, présentez-vous comme un de mes amis faisant une commission pour moi à Bénarès ».

Le chemin de l'homme sans vertu

Sur ces paroles, l'homme sans vertu chercha des aliments avant de repartir. Ne se contentant pas des fruits que le perroquet lui avait donnés, il saisit un bâton et en guise de remerciement tua son hôte, fit un feu, le grilla et le mangea. Puis il partit vers la montagne. Le tigre apprenant que l'homme était l'ami du perroquet l'accueillit pour la nuit et sortit pour trouver de la nourriture. Pendant l'absence du félin, l'homme conta au vieux père tigre comment il apprécia la chair savoureuse du perroquet. Lorsque le tigre revint avec le repas, l'homme mangea jusqu'à l'indigestion et s'endormit. Alors, le vieux père avertit son fils du sort de son ami le perroquet. Le tigre en larmes se précipita sur le lieu où demeurait le perroquet et ne trouva que quelques plumes jonchant le sol. Furieux, il décida de dévorer l'homme.

Le tigre et le perroquet renaissent au nirvana

Au petit matin, l'homme sans vertu, ne voyant plus le tigre, questionna le père. Il comprit qu'il l'avait dénoncé. Alors il tua le vieil animal et attendit le retour du tigre pour lui réserver le même sort. Mais grâce aux vertus de ce dernier, l'homme ne put accomplir son geste fatal. Il se mit à trembler, se prosterna devant le tigre et lui demanda grâce. Le tigre voyant son père mort, la tête brisée, comprit ce qu'avait fait l'homme. Très affligé, il pensa immédiatement à faire justice. Mais comme, outre ses qualités de vertu, il possédait celle de l'intelligence, qu'il songeait à l'avenir et savait discerner les bienfaits des méfaits, dont il connaissait clairement les conséquences, il réfléchit. "Cet homme est sans vertu, est-ce une raison pour le faire souffrir ? La mort de mon ami et de mon père est due au karma qu'ils se sont fait dans leurs existences antérieures." Alors il s'adressa aimablement au meurtrier et l'accompagna jusqu'à ce qu'il fût hors de danger. Le perroquet renaquit au nirvana. De même le tigre, lui aussi à la fin de son existence, atteignit le nirvana. On pourrait être surpris de ce privilège, puisque le tigre dévore des êtres vivants pour se nourrir. Ce n'est pas la destruction d'êtres vivants qui a causé sa renaissance au nirvana, mais la vertu qu'il a manifestée en une telle circonstance. Et même sans cet épisode, le tigre serait au nirvana, car lorsque la mort arrive, ainsi que le dit l'adage bouddhique, "le cœur qui a acquis des mérites, le cœur pur renaît au nirvana". »

2500 ans d'histoire

De la naissance de Siddharta Gautama, au VIᵉ siècle avant notre ère, au prix Nobel de la paix récemment attribué au dalaï-lama, les grandes dates de l'histoire du bouddhisme.

Vers 563 avant Jésus-Christ : Naissance du Bouddha à Lumbini.

Vers 483 avant Jésus-Christ : Mort du Bouddha à Kusinagara.

Vers 477 avant Jésus-Christ : Premier concile bouddhique, qui se serait tenu à Rajagriha.

Vers 377 avant Jésus-Christ : Deuxième concile à Vaishali.

Vers 269-232 avant Jésus-Christ : Règne d'Açoka, empereur de l'Inde et fondateur de la dynastie des Maurya. Il favorise le rayonnement du bouddhisme au-delà des frontières de son empire en envoyant des missionnaires à Ceylan et en Birmanie.

Vers 241 avant Jésus-Christ : Troisième concile à Pataliputra capitale du Magadha.

166-145 avant Jésus-Christ : Règne au Panjab du roi grec Ménandre, protecteur du bouddhisme.

65 : Introduction du bouddhisme en Chine par la route de la Soie.

Iᵉʳ siècle : Quatrième concile.

Vers l'an 88 : Premières écritures du canon bouddhique pali à Ceylan.

Vers 300 : Le bouddhisme Theravada (doctrine des Anciens) pénètre en Thaïlande.

372 : Introduction du bouddhisme Mahayana en Corée.

Vᵉ siècle : Introduction du bouddhisme au Japon et au Laos.

520 : Le moine indien Bodhidharma introduit en Chine l'école bouddhique de méditation. Elle y prend le nom de « chan ».

527 : Le bouddhisme Mahayana devient religion d'État au royaume de Silla (Corée).

610 : Le bouddhisme Mahayana devient religion d'État au Japon.

618-907 : Apogée, sous la dynastie Tang, du bouddhisme dans la société chinoise.

VIIᵉ siècle : Naissance du Vajrayana ou Véhicule de diamant.
Naissance de l'art bouddhique khmer au Cambodge.

VIIIᵉ siècle : Pratique du bouddhisme Mahayana en Indonésie. Construction de Borobudur à Java.

Vers 750 : Instauration au Tibet du bouddhisme avec la venue du maître indien Padmasambhava.

Début du IXᵉ siècle : Traduction en tibétain d'un grand nombre de textes du Canon bouddhique.

1181-1186 : Apogée du bouddhisme Mahayana au Cambodge. Construction d'Angkor Thom.

Fin du XIIᵉ siècle : Destruction des universités mahayanistes par les musulmans et opposition des brahmanes à la doctrine de l'Eveillé. Fin du bouddhisme en Inde.

Fin du XIIIᵉ siècle : Disparition au Cambodge du Mahayana au profit du Theravada, via le Siam.

XIVe siècle : Première conversion de la Mongolie au bouddhisme tibétain.

Fin du XVe siècle : Expansion de l'islam en Indonésie et disparition du bouddhisme.

1617-1682 : Le Ve dalaï-lama, Ngawang Lobsang Gyatso, fait construire le Potala et fédère, en tant que premier chef spirituel et temporel, le Tibet.

1635-1723 : Vie de Zanabazar, premier grand maître spirituel mongol et célèbre sculpteur.

1871 : Cinquième concile à Mandalay, en Birmanie.

1920 : Renouveau du bouddhisme au Viêtnam, en réaction à la colonisation française.

1924-1937 : Éradication du bouddhisme en Mongolie durant la révolution communiste stalinienne.

1926 : Fondation de la Société bouddhique en Angleterre.

1927 : Alexandra David-Neel publie en France *Voyage d'une Parisienne à Lhassa*.

1929 : Mlle G. Constant Lounsbery fonde à Paris la Société des amis du bouddhisme.

Fin 1949 : Les premières troupes de l'armée populaire chinoise entrent au Tibet pour le « libérer des forces impérialistes ».

17 mai 1954 : Sixième concile en Birmanie à Rangoon.

23 mai 1956 : Commémoration du 2 500e anniversaire du Bouddha.

17 mars 1959 : Exil de Sa Sainteté le dalaï-lama avec plus de 100 000 réfugiés à Dharamsala, en Inde.

11 juin 1963 : Un moine s'immole par le feu à Saigon pour révéler au monde les répressions sanguinaires du président du Sud-Viêtnam Ngo Dinh Diem.

1966-1976 : Révolution culturelle en Chine. Destruction des monastères au Tibet.

1975 : Persécutions des moines et nonnes au Viêtnam par le pouvoir de Hanoi et au Cambodge par les Khmers rouges.

1987 : Violente répression à Lhassa, capitale du Tibet, suite à des manifestations de moines et de nonnes.

5 octobre 1989 : Sa Sainteté Tenzin Gyatso, le XIVe dalaï-lama, reçoit le prix Nobel de la Paix 1989.

1991 : Découverte en Mongolie d'un charnier de moines bouddhistes, exécutés dans les années trente alors qu'ils étaient considérés comme des ennemis du peuple.

4 février 1996 : Le premier ministre népalais Sher Sahadur Deuba annonce officiellement la découverte à Lumbini d'une pierre indiquant le lieu de naissance du Bouddha historique.

5 janvier 2000 : Ugyen Trinley Dorje, le XVIIe karmapa, fuit le Tibet pour rejoindre le dalaï-lama à Dharamsala.

Les dalaï-lamas, symboles de compassion

Le titre de dalaï-lama, généralement traduit « océan de sagesse », fut attribué pour la première fois, en 1578, par l'empereur mongol Altan Khan à Sonam Gyatso (le IIIᵉ dalaï-lama) ; ses deux prédécesseurs le reçurent à titre posthume. Autorité spirituelle pour les mahayanistes et les bouddhistes tibétains, le dalaï-lama, aussi appelé « joyau de la perfection » ou Kundun (« la présence »), est devenu une figure emblématique bien au-delà des frontières du Tibet. La lignée des dalaï-lamas se poursuit sans interruption depuis son origine. Portrait de ceux qui ont marqué l'histoire.

Le Vᵉ dalaï-lama, diplomate et érudit

Lobsang Gyatso restera dans les annales de l'histoire tibétaine comme le « grand cinquième ». Cet unificateur politique et spirituel, diplomate avisé et religieux éclectique, incarne par son esprit fédérateur l'autorité suprême du Tibet. C'est lui qui fit construire le palais du Potala à Lhassa (résidence des dalaï-lamas) et qui devint le premier chef spirituel et temporel du Tibet en 1642.

Le VIᵉ dalaï-lama, poète et libertin

Devenu légendaire par ses tribulations, Tsangyang Gyatso délaissa la vie de moine pour la poésie, les femmes et la boisson.

> *« Si la servante vit à jamais*
> *Le flot de vin ne s'épuisera ;*
> *La taverne est mon refuge,*
> *Avec du vin je suis content. »*

Ses courts poèmes, traduits en français, sont réunis dans un recueil intitulé *Vie et chants d'amour* (voir Bibliographie).

Le XIIIᵉ dalaï-lama face à la modernité

Thoupten Gyatso tente de réformer la société tibétaine et d'ouvrir son pays à une époque où le monde se transforme plus vite que la société féodale tibétaine. En 1904, l'expédition coloniale britannique menée par le colonel Younghusband témoigne de l'intérêt des grandes puissances pour ce pays jusqu'alors replié sur lui-même. Russes et Chinois, eux aussi, dans cette période turbulente de l'histoire, considèrent les hauts plateaux himalayens comme un enjeu stratégique, un espace tampon entre les grands empires. Le XIIIᵉ dalaï-lama connaît l'occupation anglaise, l'exil en Mongolie, la destitution des Chinois, l'exil en Inde avant de proclamer l'indépendance du Tibet en 1913. Malgré ces épreuves et l'obstination réfractaire de son entourage, son objectif demeure : changer la société. Il abolit la peine de mort en 1920 ! Avant de mourir, il annonce qu'une grande tragédie s'abattra sur le Tibet...

LA LIGNÉE DES QUATORZE DALAÏ-LAMAS

1 • Guédun Trouba 1391-1475
2 • Guédun Gyatso 1475-1542
3 • Sonam Gyatso 1543-1588
4 • Yeuntèn Gyatso 1589-1617
5 • Ngawang Lobsang Gyatso 1617-1682
6 • Tsangyang Gyatso 1683-1706
7 • Késang Gyatso 1708-1757
8 • Jampel Gyatso 1758-1804
9 • Lountok Gyatso 1806-1815
10 • Tsultrim Gyatso 1816-1837
11 • Khèdroup Gyatso 1838-1856
12 • Trinley Gyatso 1856-1875
13 • Thoupten Gyatso 1876-1933
14 • Tenzin Gyatso 1935-...

Le XIIIe dalai lama, vers 1910-1912

Le XIVe dalaï-lama Tenzin Gyatso

Il a treize ans lorsque les troupes chinoises envahissent son pays, le Tibet. Depuis, le dalaï-lama ne cesse d'incarner la résistance à l'oppression.

Une vie d'exilé

Né le 6 juillet 1935 dans un petit village de la province de l'Amdo (nord-est du Tibet), Tenzin Gyatso, en prenant place sur le « trône du lion », fut intronisé , en février 1940, officiellement chef spirituel des Tibétains. Séparé très jeune de sa famille pour être préparé à ce destin hors du commun de dépositaire d'une illustre tradition bouddhique, il suit l'enseignement que lui confèrent ses deux précepteurs. Il a treize ans quand les troupes communistes chinoises envahissent son pays. L'adolescent inexpérimenté à la politique se voit confronté au nouveau mandarin rouge : Mao. Devant les menaces qui pèsent sur sa vie, il s'enfuit de son palais et quitte Lhassa, la capitale du Tibet, pour prendre la nuit du 17 mars 1959 le chemin de l'exil. Il surmonte un dangereux périple de quinze jours à 4500 mètres d'altitude avec pour escorte une poignée de fidèles et résistants. Nehru lui offre une terre d'asile. Le dalaï-lama se réfugie sur les contreforts himalayens à Dharamsala dans l'État indien de l'Himachal Pradesh, où il réside encore aujourd'hui ainsi qu'un grand nombre de ses compatriotes exilés.

Prix Nobel de la paix en 1989, il conclut son discours à Oslo par une courte prière :

> « Aussi longtemps que persistera l'espace,
> Aussi longtemps que subsisteront les êtres vivants,
> Que je puisse moi aussi demeurer
> Pour dissiper la souffrance du monde. »

Un combat pacifique

Ce guide des bouddhistes tibétains, porte-parole d'une nation condamnée par les autorités de Pékin à une disparition programmée, poursuit un inlassable combat pacifique devant les occupants. Inébranlable adepte de la non-violence, à l'instar du Mahatma Gandhi, l'actuel dalaï-lama, fervent protecteur de l'environnement, se considère avant d'être un grand maître spirituel comme un simple moine bouddhiste.

Pour Sa Sainteté, un dialogue entre les différentes traditions spirituelles est indispensable. « Les mêmes idéaux d'amour sont à la racine des principales religions de ce monde. Bouddha, le Christ, Confucius, Zoroastre ont avant tout enseigné l'amour. L'hindouisme, l'islam, le jaïnisme, le judaïsme, la loi sikh, le taoïsme poursuivent un but identique. Toutes les pratiques spirituelles ont pour objectif la progression bénéfique de l'humanité. » Ses rencontres avec Sa Sainteté le pape, des rabbins américains mais aussi des chamanes et des responsables religieux des cinq continents confirment sa volonté d'engager l'humanité dans une plus grande tolérance.

Les hauts dignitaires
du bouddhisme tibétain

Au sein des écoles bouddhiques tibétaines existe une tradition
institutionnalisant la lignée des hauts dignitaires bouddhistes. Ce
principe de successions de grands maîtres, choisissant de renaître
afin d'aider les êtres à parvenir à la libération, assure également une
relative permanence des ordres religieux. Aujourd'hui, sous le joug
chinois, la recherche d'une réincarnation prend des allures politiques
et stratégiques.

Haute autorité du bouddhisme au Tibet, le panchen-lama (grand érudit), considéré comme une émanation d'Amitabha, et investi d'un pouvoir spirituel, incarne la lumière infinie. Ce titre fut donné, pour la première fois, en 1682, par le Ve dalaï-lama à son précepteur religieux.

Aujourd'hui :

Reconnu officiellement le 14 mai 1995 par le dalaï-lama comme le XIe panchen-lama, **Gedhun Choekyi Nyima**, fils d'un modeste nomade tibétain, né le 25 avril 1989, est mis au secret avec sa famille par Pékin depuis juillet 1995. Ce qui lui donne le triste statut d'être le plus jeune prisonnier d'opinion au monde. Sa disparition orchestrée par les autorités chinoises, officiellement afin de protéger l'enfant d'un possible rapt, vise en fait à nier le rôle spirituel du prix Nobel de la paix. Les théoriciens du régime communiste, pensant qu'ils avaient leur mot à dire sur la renaissance d'un grand lama, ont désigné un autre enfant comme la réincarnation du panchen-lama. Un paradoxe qui n'effraie nullement les autorités chinoises. Beaucoup s'inquiètent de la vie du petit Gedhun Choekyi Nyima dont la seule faute est d'avoir été reconnu comme une grande figure du bouddhisme tibétain par le Dalaï-Lama.

Autre haut dignitaire du bouddhisme tibétain, le karmapa, hiérarque de l'école Karma-Kagyupa, détient le pouvoir de transmettre l'éveil. Le premier karmapa Dusoum Khyenpa (1110-1193) institua le système politico-religieux de la renaissance des grands maîtres spirituels (*tulkou*). Cette méthode de succession a toujours suscité des querelles autour de l'authenticité des réincarnations. Un des régents de l'actuel karmapa conteste l'autorité donnée au jeune homme portant ce titre.

Aujourd'hui

Né au Tibet oriental, le 26 juin 1985, **Ugyen Trinley Dorje**, intronisé en 1992 dix-septième karmapa, fuit, à l'âge de quatorze ans, son monastère de Tsurphu, situé à soixante kilomètres de Lhassa. En compagnie de sa sœur (une nonne) et de deux moines, il rejoint, à l'aube du 5 janvier 2000, Dharamsala en Inde. Là réside le protecteur de toutes les écoles bouddhiques tibétaines : le dalaï-lama. Reconnu à la fois par les autorités chinoises et par le dalaï-lama, ce qui est exceptionnel, cet adolescent, qui ne veut pas être utilisé politiquement, représentait un atout majeur - désormais perdu - de la propagande chinoise. Il incarnait « l'expression de la liberté religieuse » et diminuait ainsi aux yeux des occupants le rôle prédominant « de la clique réactionnaire ayant à sa tête le dalaï-lama, un dangereux séparatiste ». Cette défection plonge la Chine dans l'embarras. Les Tibétains exilés voient dans le XVIIe karmapa un espoir nouveau.

Figures du bouddhisme en France

Au XXe siècle, des Européens s'aventurent aux confins d'un Orient encore mystérieux. Les écrits d'Alexandra David-Neel dans les années trente, puis les documentaires et les témoignages d'Arnaud Desjardins dévoilent en un premier temps la haute spiritualité des maîtres tibétains. La venue en Occident de maîtres zen et tibétains initie une rencontre plus directe. Leurs enseignements prennent racine en Europe. Portraits de quelques grandes figures.

Kalou Rimpotché

Considéré comme l'un des plus grands maîtres spirituels tibétains contemporains, Kalou Rimpotché, né en 1905 dans la province du Kham au Tibet oriental, fut l'un des guides les plus influents en France et en Occident. Sa générosité et son rayonnement charismatique captivèrent. Il visite pour la première fois la France en 1971 et fonde au fil des ans plusieurs centres, notamment en Bourgogne, en Normandie et dans le Dauphiné. Pour transmettre ses connaissances, il forme des enseignants français (lama Denis Teundroup, lama Tcheuky). Dans les années 80, il réunit érudits tibétains et occidentaux pour traduire des textes essentiels. Kalou Rimpotché meurt paisiblement le 10 mai 1989, assis en position de méditation.

Reconnu par le dalaï-lama, le 17 septembre 1990, la nouvelle émanation de Kalou Rimpotché reprend naissance dans le corps du fils de son fidèle neveu, le lama Gyaltsen. L'enfant, quand il ne voyage pas, suit les enseignements et réside dans le monastère de Sonada, non loin de Darjeeling, au Bengale de l'Ouest.

Dagpo Rimpotché

Fuyant le Tibet envahi par la Chine, Dagpo Rimpotché, né en 1932 dans la région du Kongpo, au sud-est de Lhassa, vit depuis 1960 à Paris. Cet être d'exception y professa avec chaleur et humilité sa langue maternelle aux Langues O (INALCO) de 1963 à sa retraite en 1992. A l'âge d'un an, il est reconnu par le XIIIe dalaï-lama comme la réincarnation d'un grand maître (*tulkou*). L'actuel dalaï-lama incite Dagpo Rimpotché à enseigner. Celui-ci fonde une congrégation bouddhique et l'institut Guépèle à Veneux-les-Sablons en Seine-et-Marne, où se pratiquent des retraites et des sessions d'études. De la lignée des Guélugpa, ce docteur en philosophie bouddhique transmet ses enseignements également à Bordeaux, aux Pays-Bas, en Indonésie et en Malaisie. En 1998, il conte dans une autobiographie son parcours discret et lumineux (voir Bibliographie).

Sogyal Rimpotché

Disciple de grands maîtres bouddhistes, ce Tibétain, né en 1947, étudiant aux universités de Delhi et de Cambridge, enseigne en Occident depuis 1974. Son sens de la communication le conduit en Amérique, en Europe, en Australie et en Asie à rencontrer un grand nombre d'étudiants. Il fonde les centres Rigpa, implantés un peu partout dans le monde. Sa compréhension des mentalités occidentales lui permet d'engager un dialogue immédiat. Son style direct, sa participation en tant qu'acteur dans le film *Little Buddha* et son ouvrage *Le Livre tibétain de la vie et de la mort*, traduit dans une quinzaine de langues, lui offrent une large audience. « L'œuvre de sa vie, considère Sogyal Rimpotché, est de transplanter l'enseignement du Bouddha en Occident. »

Deshimaru Taisen

La venue à Paris de ce maître japonais en 1967 contribua fortement à l'implantation du zen en France. Sa connaissance du christianisme et de la pensée occidentale l'a conduit à mettre en résonance les règles de saint Benoît et celles du zen. Il crée une centaine de centres d'étude du zen et fonde a Paris l'association Zen internationale. Jusqu'à sa mort le 30 avril 1982, ce descendant d'une famille de samouraï prêche l'expérience zen. Ses nombreux écrits ont incité certains de ses disciples à suivre ses traces et d'autres à se détourner de la communauté d'origine pour prendre d'autres voies.

Thich Nhat Hanh

Né, en 1926, au centre du Viêtnam, ce vénérable poète et activiste, installé en France depuis 1972, développe et pratique le zen dans la voie mahayaniste. Président de la délégation bouddhiste vietnamienne pour la paix pendant la guerre du Vietnam, il fut proposé par Martin Luther King, en 1967, pour le prix Nobel de la paix. Ce maître zen atypique prône un bouddhisme engagé et humaniste. Dans le sud-ouest de la France, en Dordogne, au « Village des Pruniers », Thich Nhat Hanh anime des séminaires, enseigne, organise des sessions de méditation et aide des réfugiés du monde entier.

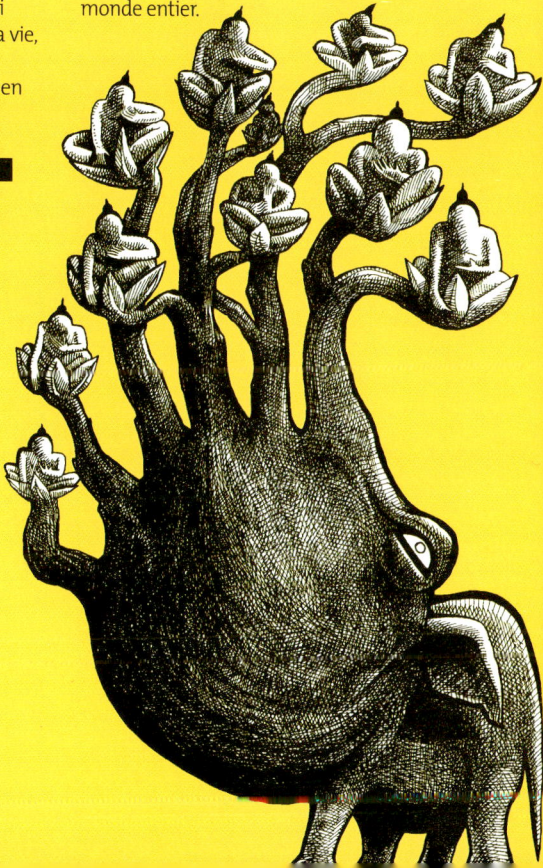

Les arts bouddhiques

Comme toutes les grandes traditions spirituelles de l'humanité, le bouddhisme, au gré de son expansion, a mis à profit le talent des artistes, sculpteurs, peintres et architectes.

L'imagerie artistique bouddhique

Souvent formelle car soumise à des règles strictes, elle dégage, au-delà d'une beauté purement esthétique, une forte charge spirituelle. Elle rappelle les idéaux de la doctrine. Les différentes représentations ont un même but utilitaire : mettre l'homme en contact avec l'énergie du Bouddha et des êtres tendant à l'éveil. L'inspiration bouddhique, étroitement confondue en Chine, en Corée et au Japon avec la tradition du divin Tao, fusionne dans une pleine communion avec la nature. Une fraternelle tendresse apparaît dans certaines œuvres envers le monde végétal et animal. L'essence des choses transparaît dans le monde des formes. L'apport des influences indo-grecques et persanes a nourri cet art emblématique au même titre que le savoir-faire des artistes indiens, chinois, khmers, tibétains, coréens ou mongols. Ces chefs-d'œuvre remplissent des fonctions cultuelles autant que culturelles.

Zanabazar, prince et sculpteur

Outre ses qualités de fin diplomate et de littérateur réputé, Zanabazar (1635-1723), grande figure du bouddhisme en Mongolie, est un sculpteur exceptionnel. L'art raffiné de ce descendant de Gengis Khan éclaire magnifiquement la complexité de l'iconographie du bouddhisme tantrique. Après un séjour d'études à Lhassa auprès du Ve dalaï-lama et du panchen-lama, il est reconnu comme la réincarnation d'un célèbre érudit tibétain, Taranatha. Parallèlement à ses activités monastiques, il dirige un atelier de fondeur et sculpte lui-même des statues aux attitudes codifiées par le canon bouddhique du Vajrayana. Ses bronzes dorés aux rehauts de polychromie lui assurent une grande notoriété artistique. Les poses délicates et les visages expressifs de sa statuaire traduisent la haute spiritualité de l'art mongol.

La neuvième réincarnation de Zanabazar, qui vit aujourd'hui à Dharamsala, non loin de la demeure de l'actuel dalaï-lama, étudie et enseigne les préceptes bouddhiques. Ce septuagénaire, père de sept enfants dont plusieurs ont pris l'habit de moine, aurait fait savoir qu'il ne rentrerait en Mongolie que lorsque le temps serait venu...

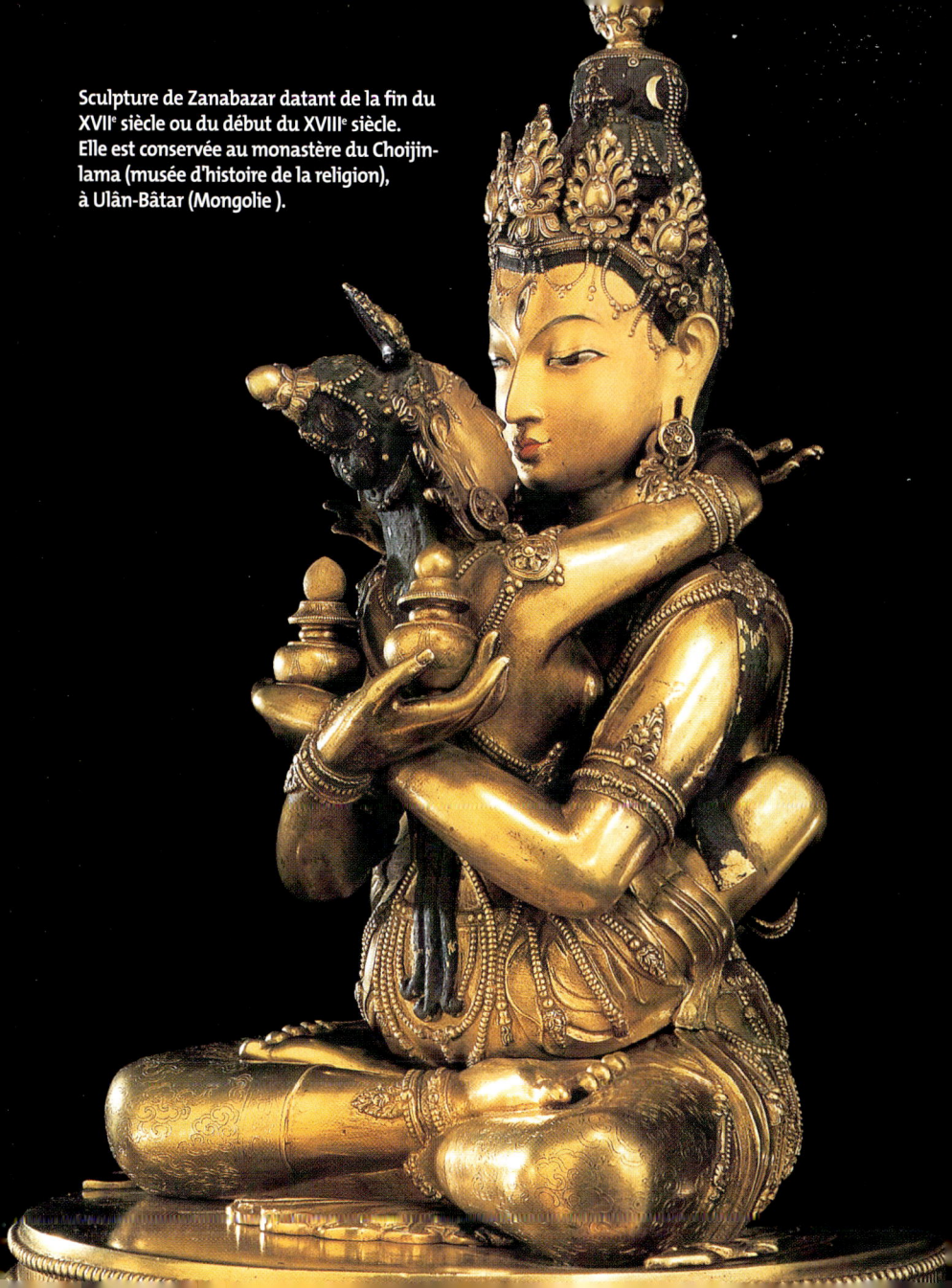

Sculpture de Zanabazar datant de la fin du
XVIIe siècle ou du début du XVIIIe siècle.
Elle est conservée au monastère du Choijin-
lama (musée d'histoire de la religion),
à Ulân-Bâtar (Mongolie).

Guimet, le musée national des arts asiatiques

Avec la réouverture du musée Guimet, prévue pour la fin de l'année 2000, on assiste à la renaissance d'un des plus prestigieux musées d'art oriental au monde, regroupant une collection de plus de 45 000 objets et 110 000 ouvrages. Les aménagements successifs, l'augmentation des acquisitions et les altérations du temps avaient rendu difficiles les conditions de conservation et pouvaient brouiller la visite de ce lieu unique. Désormais un nouvel écrin clair et adapté met en valeur les joyaux de l'art bouddhique. Suivez le guide...

Émile Guimet, industriel lyonnais, héritier d'une grande fortune, après un voyage au Proche-Orient, part en 1876 pour Yokohama, au Japon, où il acquiert une quantité d'objets bouddhiques.

A l'exposition universelle de Paris (1878), il crée au Trocadéro une galerie de « religions d'Extrême-Orient ». Son intérêt pour les cérémonies bouddhiques est indéniable.

Il choisit Lyon, capitale de la soie, pour ouvrir en 1879 un musée des religions. Incompris, il quitte sa ville natale pour faire construire, en 1888, un bâtiment à Paris dans lequel il fonde l'actuel musée, qui sera officiellement inauguré en novembre 1889 par le président de la République Sadi Carnot.

A ses débuts, le musée Guimet est un musée d'histoire des religions dédié à la connaissance des civilisations de l'Orient.

Les collections et les ouvrages réunis embrassent non seulement le continent asiatique mais aussi le monde méditerranéen. Après la mort du fondateur en 1918, la vocation asiatique du musée s'affirme progressivement. Il accueille notamment entre les deux guerres le fonds du musée indochinois du Trocadéro. En 1928, il devient musée national et hérite de remarquables pièces afghanes. En 1945, les collections d'Extrême-Orient du Louvre sont transférées au Musée national des arts asiatiques-Guimet. Dans cette logique de redistribution, les antiquités égyptiennes et gréco-latines conservées place d'Iéna rejoignent le Louvre. Une politique d'acquisitions, bénéficiant de legs et de donations, n'a cessé depuis d'enrichir cette vitrine de l'art bouddhique.

Après une refonte complète – seules les façades et la rotonde ont été conservées – menée par l'architecte Henri Gaudin et une fermeture de plus de quatre ans, Guimet renaît de son passé. À nouveau baignée de lumière naturelle, la présentation voulue par le conservateur général, Jean-François Jarrige, concilie l'ouverture architecturale et la cohérence d'un nouveau circuit géographique et chronologique. Cette restructuration rend plus visible, plus palpable, la diffusion du bouddhisme entre les différentes aires asiatiques.

À côté des salles permanentes, un grand espace d'exposition temporaire, modulable en trois volumes, un auditorium, une cafétéria, une librairie et la création de deux sous-sols pour les réserves complètent les facilités de travail et d'accueil. Les chercheurs ne sont pas oubliés avec les archives photographiques et la bibliothèque, qui détient une somme précieuse d'ouvrages consacrés au bouddhisme – Alexandra David-Neel légua sa bibliothèque tibétaine au musée –, ainsi qu'un grand nombre de périodiques (en français, anglais, chinois, tibétain et japonais). Emile Guimet souhaitait « un musée qui pense, un musée qui parle, un musée qui vit ». Son vœu est exaucé !

L'annexe de Guimet dans l'ancien hôtel particulier Heidelbach, situé au 19, avenue d'Iéna, abrite les galeries du Panthéon bouddhique. 250 œuvres japonaises révélant le foisonnement de la piété bouddhique ainsi que des chefs-d'œuvre de la Chine bouddhique y sont exposés.

« Je respire le noir et souffle le blanc »

Jean-Paul Ribes est journaliste, écrivain, auteur de *Karmapa* aux éditions Fayard et disciple de Kalou Rimpotché. Il anime le Comité de soutien au peuple tibétain. Entretien.

Que retire un Occidental du bouddhisme ?

Jean-Paul Ribes : Tout dépend de ce qu'il attend. Il y a dans le bouddhisme une telle profusion, une telle variété d'aspects... Insistons, globalement, sur deux points. D'une part, le bouddhisme permet de trouver ou de retrouver une relation avec sa vie intérieure. Cette introspection n'a d'intérêt que si elle s'accompagne d'un profond sentiment de compassion envers les autres, comme s'il était impossible de se soigner soi-même sans tendre la main à autrui. D'autre part, la doctrine bouddhique nous apprend dans une approche salutaire à nous intéresser à l'état de notre esprit. Elle nous rappelle que l'entraînement de l'esprit est tout à fait possible. Ce que nous admettons bien volontiers de notre corps, pourquoi le refuser à notre esprit ? Le bouddhisme repose sur l'idée de l'amélioration, encore faut-il s'en donner les moyens. Cela implique une présence, une liaison avec un maître spirituel. On ne peut pas en faire l'économie.

Comment choisir un maître ?

J.-P. R. : Il faut sans préjugé faire confiance aux rencontres. D'abord, avoir la volonté de trouver un guide, ensuite le courage de le rechercher – sans abandonner sa lucidité, ni le pouvoir de dire non –, et reconnaître avec honnêteté ce qui se passe en soi-même. Il faut également de la constance. Lorsque l'on a commencé un travail avec un maître, il ne faut pas craindre d'aller jusqu'au bout. Processus subtil, que de mettre toute sa raison en mouvement, mais aussi d'abandonner son orgueil et sa méfiance. Il faut accepter un risque, celui de ressentir dans la solitude de son intimité profonde, quelque chose, proche du sentiment amoureux, qui va nous guider, nous mettre sur la voie. La vie spirituelle est aventureuse. Il n'y a pas d'assurance-risque dans ce domaine. Un bon guide nous fait avancer sur ce chemin, en nous donnant le courage de mettre un pied devant l'autre, de ne pas nous laisser aller au vertige. Cette attention et cette persévérance permettent de distinguer le vrai maître du faux, le bon grain de l'ivraie...

Comment approcher cet enseignement si éloigné de notre culture ?

J.-P. R. : Il faut reconnaître la singularité, l'étrangeté du bouddhisme. Commencer par admettre qu'il existe une distance sans tomber pour autant dans l'exotisme folklorisant. Cette pensée riche et puissante vient de loin. Elle fut offerte il y a bien longtemps. Il faut en retrouver l'authenticité, en se référant le plus souvent possible aux sources de l'enseignement. Je ne suis pas partisan d'approcher le bouddhisme à travers des prismes adaptatifs. Il faut aller au plus près possible du bouddhisme primitif tel que le Bouddha l'a exprimé. Et puis, il faut se tourner vers la pratique si l'on a le désir de continuer.

L'union de la compassion et de la sagesse repose sur la pratique. Il existe des étapes : calmer, apaiser l'esprit pour en reconnaître la nature puis travailler la vision pénétrante.

Ainsi, la clarté se fait. Par exemple, il nous paraît tout à fait évident que le monde, tel qu'il existe, est fait de phénomènes non permanents, toujours en mouvement, étroitement liés les uns aux autres et produits de causes et effets. Lorsque cette vision atteint une certaine qualité, notre manière de nous percevoir nous-même dans l'espace et dans le temps se trouve modifiée. À chaque instant, nous devons être capables d'être attentifs et d'encourager autrui. Cette attitude génère une forte motivation à poursuivre la pratique. Cet engagement au quotidien apporte du bonheur et des interrogations. Un exemple : une des pratiques traditionnelles du bouddhisme tibétain est ce que l'on appelle « donner et prendre ». Pour commencer, on va observer son propre souffle. D'ordinaire, je respire le bon air et expulse mes miasmes. Dans la méditation, à l'inverse, je vais tenter d'aspirer toutes les souffrances et les difficultés et de les absorber, « je respire le noir et souffle le blanc ». Cette image simple peut progressivement devenir une pratique de tous les instants. Cette alchimie a des effets tangibles. Offrir, restituer, rendre pour le bien des autres est une attitude de l'esprit qui devient une attitude du comportement. L'impression de menaces disparaît alors. Accepter ce qui arrive sans peur, pratiquer la générosité font partie de l'approche bouddhique. Il y a une multitude de domaines dans lesquels on peut agir, apprendre, pratiquer... Mais il faut éviter une dispersion excessive, une proclamation outrancière et catégorique, il y a un minimum de discrétion à conserver. Le silence quand il ne devient pas assourdissant est un moyen de grande écoute.

Quel regard portez-vous sur cet engouement relayé par les médias et le show-biz ?

J.-P. R. : Karl Marx a développé la théorie de l'instrumentalisation de toute chose en marchandise. La société contemporaine transforme, des plus petits aux plus grands, les éléments de notre existence en information, en produit et en consommation. Il n'est donc pas étonnant que le bouddhisme subisse le même sort. Si on aborde cette spiritualité comme une mode, l'unique risque sera de recueillir le fruit d'une mode. Je n'ai rien contre ou pour, car tout aujourd'hui devient mode. À chacun de faire son choix. Si, en revanche, on pense que le bouddhisme est d'une autre nature, on aura un bénéfice différent. Cela est de la responsabilité de chacun. Quand on a la chance exceptionnelle de rencontrer le dharma dans cette vie, on peut le reconnaître ou ne pas le reconnaître, chacun est libre.

La cuisine bouddhique

Le bouddhisme n'impose pas de manière systématique une alimentation végétarienne. Du moins, aux origines. Toutefois, au fil des siècles et avec l'expansion géographique du bouddhisme, les choses ont sensiblement changé. Chaque pays garde ses traditions culinaires, auxquelles le bouddhisme a pu donner une coloration particulière. C'est le cas au Japon, où plusieurs siècles de bouddhisme zen ont apporté à la cuisine une sobriété toujours plus grande ou au Tibet dont la culture est empreinte de traditions liées au milieu montagnard.

Au Japon

« Quand vous lavez le riz ou les légumes, faites-le de vos propres mains, dans l'intimité de votre propre regard, avec diligence et conscience, sans que votre attention se relâche un seul instant. Ne soyez pas soigneux pour une chose et négligent pour une autre. Faites en sorte que pas une seule goutte de l'océan des mérites ne vous échappe. Ne manquez pas l'occasion d'ajouter votre grain de poussière au sommet de la montagne des actes bénéfiques. Le Règlement des Monastères dit : « Si les Six Saveurs (amer, acide, doux, piquant, salé, fade) ne sont pas en harmonie et les Trois Vertus (souplesse-légèreté, netteté-fraîcheur, soin-précision) absentes, ce plat n'est pas digne d'être présenté à l'assemblée. » Quand vous regardez le riz, voyez aussi le sable. Si votre regard va et vient en scrutant minutieusement les détails, sans que votre esprit se relâche, les Trois Vertus seront automatiquement dans leur plénitude et les Six Saveurs s'épanouiront d'elles-mêmes. »

L'extrait précédent – que l'on peut lire en français dans *Instruction au cuisinier zen*, Le promeneur, 1994 – est tiré du recueil *Eihei shingi* (*La Règle Pure du temple Eihei-ji*) écrit en 1237 et dédié « aux sages des générations futures qui étudieront la voie ».

Son auteur, Dogen, penseur et moine bouddhiste, fonde au Japon la secte zen soto qui met au centre de sa pratique la méditation en posture assise (*zazen*).

Au Tibet

Selon le Bouddha, « ce n'est certainement pas par la consommation de la viande ou du poisson qu'un homme devient impur, mais bien par ivresse, obstination, bigoterie, fraude, envie, exaltation de soi-même, mépris des autres et mauvaises intentions, - c'est par ces choses-là que l'homme devient impur ».

Le Bouddha, bien qu'hostile à toute forme de mise à mort, y compris celle des animaux, n'a jamais formellement défendu à ses disciples de consommer de la viande ou du poisson. Au Tibet, pour des raisons de survie, les laitages et la viande sont les deux bases du régime alimentaire. Moines et nonnes acceptent les produits carnés que les pasteurs nomades leur donnent. Les végétariens sont rares sur les hauts plateaux tibétains.

Le maître Dogen,
moine et penseur illustre,
a vécu au Japon
au XIIIᵉ siècle.

Le bouddhisme, un concept qui fait vendre

L'engouement pour le bouddhisme en France n'a pas échappé aux journalistes et aux publicitaires. Florilège.

Depuis quelques années, les unes des journaux ont fait la part belle au bouddhisme. L'approche fut d'abord sociologique, puis culturelle et finalement religieuse, mais le phénomène a aussi gagné les rubriques mode, design, ou cuisine des magazines féminins.

De la rédaction à la publicité, il n'y avait qu'une page à tourner. Les créatifs et autres gourous de la communication surfent sur la vague entre exotisme, sagesse et dérision. « Zen » et bonzes font apparemment vendre : une voiture, un insecticide, une compagnie aérienne, une énergie, du mobilier, une radio, un service ou des aliments pour chien... Personne ne semble s'en offusquer. Qu'en penser ? Le moine zen japonais, peintre, calligraphe et poète, Sengaï (1750-1837) a peut-être donné avant date une réponse :

« Nous pensons à des tas de choses.
À ceci ou à cela,
Mais l'esprit, le Bouddha et les êtres vivants.
Sont tous trois sans différenciation. »
(**Sengaï**, *Traces d'encre*, éd. Paris Musées.)

« Les Français du dalaï-lama »
(Figaro magazine)

« Heureux comme Bouddha en France »
(Le Nouvel Observateur)

« Êtes-vous bouddhiste, test »
(Elle)

« Le bouddhisme tibétain séduit la France »
(Libération)

« Dans les bras de Bouddha »
(L'Express)

« Bouddha toujours en éveil »
(La Croix)

« La Bouddhamania, en France, comme dans le monde entier, stars, intellectuels et hommes d'affaires se rallient ou sympathisent.
Au fait, qui est bouddhiste en France ? »
(VSD)

...e bouddhisme, comment
...er Dieu et garder la religion »
(L'Événement du Jeudi)

► S'interroger, c'est Essentiel

RTL
www.rtl.fr

faire du ciel le plus bel endroit de la terre

AIR FRANCE

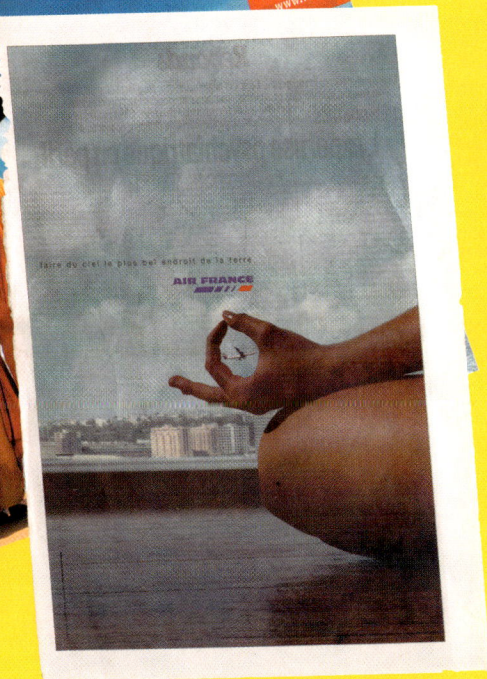

« Il était une foi Bouddha »
(Télérama)

« Enquête sur Bouddha, pourquoi il séduit l'Occident »
(Le Point)

Filmographie

▼

LUMIÈRE D'ASIE
(PREM SANYAS OU DIE LEUCHTE ASIENS)

de **Franz, Osten et Rai Himansu,**
Inde-Autriche, 1925.
Ce film indien muet
conte l'enfance et le
parcours de Siddharta
Gautama. Un bijou
pour les cinéphiles.

HORIZONS PERDUS
(LOST HORIZON)

de **Franck Capra,**
États-Unis, 1937.
D'après le roman de
James Hilton paru
en 1933. Un avion échoue
au cœur des sommets
enneigés de l'Himalaya.
Les passagers arrivent
dans une lamaserie situé
à Shangri-La, paradis
perdu où règnent la paix
et l'abondance.

BOUDDHA
(SHAKA)

de **Misumi Kenji,**
Japon, 1961.
Le premier film japonais
en 70 mm contant
l'histoire de la vie
du Bouddha Gautama.

SIDDARTHA

de **Conrad Rooks,**
d'après le roman
de Hermann Hesse,
États-Unis-Inde, 1973.
Quête initiatique.
Un homme
s'interrogeant sur
l'existence rencontre
la doctrine bouddhique.
Sa vie le conduit
sur d'autres voies...

MANDALA (MANDARA)

de **Im Kwon-Taek,**
Corée, 1983.
Un moine sceptique
s'interroge sur la
doctrine du Bouddha.
Commence une vie
d'errance
avec un autre moine,
lui dépravé et fidèle
à sa bouteille d'alcool.
Amitié et conflits
sur fond de critique
des milieux religieux.

PLUS HAUT ENCORE PLUS HAUT
(AJE AJE PARA AJE)

de **Im Kwon-Taek,**
Corée, 1989.
Deux jeunes aspirantes
moniales, au fil
des épreuves, découvrent
que l'enseignement
bouddhique apparaît
parfois dans l'ombre
d'un chemin sinueux.
Une interrogation
sur la loi karmique.

POURQUOI BODHI-DHARMA EST-IL PARTI VERS L'ORIENT ?
(TALMAGATONGTCHOGU RO KAN KADALGUN ?)

de **Pae Yonggyun,**
Corée, 1989.
Méditation paisible
et dynamique
sur le bouddhisme.
Dans un petit ermitage,
un vieux moine
se détache de l'existence,
sa discipline
se tourmente d'avoir
abandonné sa famille
et un moinillon orphelin
et mélancolique.

LITTLE BUDDHA

de **Bernardo Bertolucci,**
France-États-Unis, 1993.
Des moines tibétains
à la recherche
de leur maître disparu
voient dans un enfant
occidental l'émanation
de leur éminent chef
spirituel.
Un récit qui conte sous
l'apparence d'une fable
pour enfants l'histoire
de Siddharta Gautama.

SEPT ANS AU TIBET

de **Jean-Jacques Annaud,**
États-Unis, 1997.
Cette adaptation
cinématographique
du récit de l'alpiniste nazi
Heinrich Harrer décrit
selon le réalisateur
« la rédemption d'un
homme qui se perd
physiquement pour
trouver son âme ».

KUNDUN

de **Martin Scorsese,**
États-Unis, 1998.
Biographie
plus évocatrice
qu'historique des
premières années du XIVe
dalaï-lama et de
l'invasion chinoise.

HIMALAYA, L'ENFANCE D'UN CHEF

d'**Éric Valli,**
France, 1999.
Dans un village perdu
du Dolpo au nord-ouest
de l'Himalaya népalais,
un vieux chef refuse
de laisser conduire
la caravane de yaks
à un jeune homme.

LA COUPE
(PHÖRPA)

de **Norbu Khyentse,**
Bhoutan, 1999.
Ce premier long métrage,
réalisé par un lama
bhoutanais, conte
avec drôlerie – en langue
tibétaine – la vie
de moinillons obnubilés
par la Coupe du monde
de football.
Alors que deux jeunes
Tibétains, après avoir fui
leur pays natal,
découvrent la vie
monacale, un jeune
novice espiègle ne pense
presque qu'à la victoire
de la France...

Qu'est-ce que le zen ?

Dans la tradition bouddhique du zen, un koan est une phrase énigmatique ou paradoxale destinée à susciter l'éveil et dont le seul raisonnement ne saurait venir à bout.

Un maître saisit un bâton et déclare :
« Je n'appelle pas ceci un bâton.
Comment l'appelez-vous ?
Si vous l'appelez bâton, vous le touchez.
Si vous ne l'appelez pas bâton, vous allez contre. »

Si vous rencontrez quelqu'un qui a découvert la Vérité, il ne vous est pas permis de dire quelque chose quand il passe, ni de rester en silence.
Alors, comment allez-vous l'aborder ?

« Les pins n'ont de couleur ni ancienne ni moderne. »

Un moine demande à son vénérable :
« Je viens d'entrer dans votre monastère.
Enseignez-moi, Maître ! »
Le sage dit : « As-tu pris ta bouillie de riz ? ».
Le disciple répond par l'affirmative :
« Alors, va laver ton bol. »

Deux moines regardent une bannière flotter au vent.
Pour l'un, c'est le vent qui la met en mouvement.
Pour l'autre, c'est le drapeau lui-même qui se meut.
Pour leur maître, c'est leur esprit qui produit le mouvement réel.

« L'homme regarde la fleur, la fleur sourit. »

Question à un maître :
« Êtes-vous dans votre cœur ? »
Sa réponse :
« Non, je suis dans mon cœur. »

Quel son produit le claquement d'une seule main ?

« Quel était votre visage avant la naissance de vos parents ? »

Nan-in, maître japonais, reçut un jour un professeur d'université venu s'informer sur le zen. En servant le thé, Nan-in remplit la tasse de son visiteur à ras bord et continua à verser. Excédé, le professeur s'écria : « Plus une goutte, ma tasse est pleine ! » « Tout comme cette tasse, dit Nan-in, tu es rempli de tes propres opinions. Comment pourrais-je te montrer ce qu'est le zen ? »

Deux moines méditent. Leur maître leur demande comment ils vont. Le premier répond en levant une lanterne devant son visage. Le maître lui donne alors une claque. Le second disciple a la même réponse : il rapproche une lanterne de sa face. Satisfait et réjoui, le maître le félicite.

« Un moine :
Qu'est-ce que le zen ?
Le maître :
De la brique et de la pierre.
Le moine :
Qu'est-ce que la Voie ?
Le maître :
Un morceau de bois. »

Pour en savoir plus

▼

FÉDÉRATION

**FÉDÉRATION
DU BOUDDHISME
TIBÉTAIN ET INSTITUT
INTERNATIONAL
BOUDDHIQUE**
*40, route du lac Daumesnil,
75012 Paris.*

Art
▼

MUSÉES

**MUSÉE NATIONAL
DES ARTS ASIATIQUES
GUIMET**
*Réouverture prévue à la fin
de l'année 2000 (voir
la page où l'on traite
de ce musée).*

*6, place d'Iéna, 75116 Paris.
Tél. : 01 56 52 53 00.
www.museeguimet.fr*

MUSÉE CERNUSCHI
*Haut lieu de l'art chinois ,
expositions temporaires
et collections permanente.*

*7, avenue Vélasquez,
75008 Paris.
Tél. : 01 45 63 50 75.
www.parisFrance.org/
musees/Musees.htm*

**MUSÉE DES ARTS
ASIATIQUES DU CONSEIL
GÉNÉRAL DES ALPES-
MARITIMES**
*Nouveau lieu d'expositions
ouvert en octobre 1998.*

*405, promenade des
Anglais, 06200 Nice.
Tél. : 04 92 29 37 00.
www.arts-asiatiques.com*

ASSOCIATION

**ASSOCIATION
ZEN INTERNATIONAL**
*La Gendronnière, Valaire,
41120 Les Montils.*

**MUSÉE
DÉPARTEMENTAL
ALBERT-KAHN**
*Pour son jardin japonais
et les expositions
temporaires d'autochromes
du début du XXᵉ siècle.*

*14, rue du Port,
92100 Boulogne.
Tél. : 01 46 04 52 80.*

**FONDATION ORIENTE,
COLLECTION KWOK ON**
*Rua do Salitre 66-68, 1200
Lisbonne, Portugal.*

ASSOCIATION

**ASSOCIATION
FRANÇAISE DES AMIS
DE L'ORIENT**
*Conférences, concerts,
journées d'études, voyages...*

*19, avenue d'Iéna,
75116 Paris.
Tél. : 01 47 23 64 85.
assoc.wanadoo.fr/jpdef/
afao/ (adresse provisoire)*

REVUES

ACTUALITÉS TIBÉTAINES
*Magazine trimestriel édité
par l'association de soutien
du Bureau du Tibet à Paris.
Renseignements au Bureau
du Tibet : 84, boulevard
Adolphe-Pinard, 75014 Paris.*

TÉLÉVISION

*Sur France 2, chaque
dimanche matin, l'émission
« Voix bouddhistes »,
proposée par l'Union
bouddhiste de France (UBF),
est le rendez-vous
de personnalités
et de membres
de la sangha.*

INTERNET

EURASIE.
*Actualité culturelle
en France, articles
et dossiers.
www.eurasie.net*

**ANNUAIRE DES SITES
BOUDDHISTES
SUR INTERNET**
*www.chez.com/
bouddhisme*

**ASSOCIATION ZEN
INTERNATIONAL
FONDÉE PAR LE MAÎTRE
TAISEN DESHIMARU**
www.zen-azi.org

**BOUDDHISME TIBÉTAIN,
LES CENTRES EN FRANCE**
*www.mabbh.org/
info/bouddhisme.html*

**UN PORTAIL
RENVOYANT AUX
PRINCIPAUX SITES
VOUÉS AU TIBET ET
À SON BOUDDHISME**
www.tibet.org

**TIBET-INFO : SITE
FRANÇAIS MIS À JOUR
RÉGULIÈREMENT**
www.tibet-info.net

À CONSULTER

*Trois guides précieux, établis sérieusement, recensent
les coordonnées du bouddhisme tibétain :*

GUIDE DU TIBET EN FRANCE ET EN EUROPE
*Réédité régulièrement par les éditions Claire Lumière,
qui se consacrent exclusivement au bouddhisme tibétain,
cet ouvrage fournit adresses et renseignements utiles :
centres tibétains, associations d'aide et de soutien, internet,
revues, bibliothèques, etc.*

**GUIDE DU
BOUDDHISME TIBÉTAIN**
*Séjour, retraite, méditation dans près de 500 centres
sélectionnés à travers le monde, dont plus d'une centaine
en France et plus du double en Europe. Avec, en prime,
la biographie des principaux maîtres tibétains. Par Philippe
Cornu, Le Livre de poche, guides Sélène.*

GUIDE DU ZEN
*350 centres zen à travers le monde dont plus
d'une cinquantaine en France.
Par Eric Rommeluère, Le Livre de poche, guides Sélène.*

Bibliographie

▼

André Bareau, *La Voix du Bouddha*, Philippe Lebaud, 1996.

Roland Barraux, *Histoire des Dalaï-Lamas, Quatorze reflets sur le Lac des Visions*, Albin Michel, 1993.

René de Berval, *Présence du bouddhisme*, bibliothèque illustrée des histoires, Gallimard, 1987.

Jacques Brosse, *Zen et Occident*, Albin Michel, 1992.

Victor Chan, *Tibet, le guide du pèlerin*, Olizane, 1998.

Edward Conze, *Le Bouddhisme*, réédition d'un texte clair et érudit de 1951. Payot, 1994.

Laurent Deshayes, *Lexique du bouddhisme tibétain*, Éditions Dzambala, 2000.

K. Dhondup, *Sixième Dalaï-Lama, Vie et Chants d'Amour*, Claire Lumière, 1987.

Dôgen, *Instructions au cuisinier zen*, textes établis par Tenzo Kyôkun, Le Promeneur, 1994.

Roger-Pol Droit, *Le Culte du néant*, Seuil, 1997.

Bernard Faure, *Bouddhisme, philosophies et religions*, Flammarion, 1998.

Alfred Foucher, *La Vie du Bouddha*, Réédition, Maisonneuve, 1987.

Louis Frédéric, *Bouddha en son temps*, Éditions du Félin, 1994.

Charles Genoud, *La Non-Histoire d'une illusion, Méditations sur le bouddhisme tantrique tibétain*, Olizane, 1994.

Dennis Gira, *Le Bouddhisme à l'usage de mes filles*, Seuil, 2000.

Introduit par Frédéric Girard, *ouvrage collectif, Dictionnaire du bouddhisme*, Encyclopaedia Universalis/Albin Michel, 1999.

Samten Gyaltsen Karmay, *Le Manuscrit d'Or, Visions secrètes du Ve Dalaï Lama*, Findakly, 1999.

Lobsang Dolma Khangkar, *Initiation à la médecine tibétaine*, Dewatshang, 1998.

Serge-Christophe Kolm, *Le Bonheur liberté, bouddhisme profond et modernite*, PUF, 1982.

Christine Kontler, *Les Voies de la sagesse, Bouddhisme et religions d'Asie*, Philippe Picquier, 1996.

Frédéric Lenoir, *La Rencontre du bouddhisme et de l'Occident*, Fayard, 1999.

Frédéric Lenoir, *Le Bouddhisme en France*, Fayard, 1999.

André Lévy, *Les Pèlerins bouddhistes*, Jean-Claude Lattès, 1995.

Françoise Pommaret, *Lhassa, Lieu du divin*, Olizane, 1997.

Françoise Pommaret, *Les Revenants de l'au-delà dans le monde tibétain*, CNRS éditions, 1998.

Jean-Paul Ribes, *Karmapa*, Fayard, 2000.

Matthieu Ricard, J. F Revel, *Le Moine et le philosophe*, Éditions Nil, 1997.

Dagpo Rimpotché, *Le Lama venu du Tibet*, autobiographie, Grasset, 1998.

Kalou Rimpotché, *Bouddhisme vivant, bouddhisme profond, bouddhisme ésotérique*, Claire Lumière, 1993.

Sogyal Rimpotché, *Le Livre tibétain de la vie et de la mort*, La Table Ronde, 1993.

Deshimaru Taisen, *L'esprit du ch'an, aux sources chinoises du zen*, Albin Michel, 2000.

Tcheuky Sengué, *Petit lexique du bouddhisme tibétain*, Claire Lumière, 1991.

Daisetz Teitaro Suzuki, *Essais sur le bouddhisme zen*, Albin Michel, 1972.

Daisetz Teitaro Suzuki, Erich Fromm et Richard Martino *Bouddhisme zen et psychanalyse*, collection Quadrige, PUF, 1971.

Thich Nhat Hanh, *Changer l'avenir*, Albin Michel, 2000.

Thich Nhat Hanh, *Clés pour le zen*, Jean-Claude Lattès, 1999.

Jean-Luc Toula-Breysse, *Bouddha, bouddhisme*, Philippe Picquier, 1999.

Môhan Wijayaratna, *Sermons du Bouddha*, éditions du Cerf, 1988.

Arts bouddhiques

Robert Fisher, *L'Art bouddhique*, Thames & Hudson, 1995.

Jacques Giès et Monique Cohen, *Sérinde, Terre de Bouddha. Dix siècles d'art sur la Route de la Soie*, Réunion des Musées nationaux, 1995.

Nathalie Gyatso, *Vers l'art sacré du Tibet*, Claire Lumière, 1994.

ADIBOUDDHA

Terme désignant dans le Vajrayana une entité abstraite, un Bouddha suprême, né de lui-même, ayant engendré l'univers.

ARHAT

Méritant. Celui qui réalise pleinement le fruit de la Doctrine bouddhique.`

AVALOKITEÇVARA

Bodhisattva de la compassion, protecteur populaire au Tibet, dont le Dalaï-Lama est la réincarnation.

BHIKKHU

Mot pali désignant un moine, un bonze bouddhiste.

BODHI

Eveil, connaissance parfaite de la vérité. Etat conduisant à la connaissance de la nature ultime des phénomènes.

BODHIDHARMA

Moine fondateur du bouddhisme chinois en 520. Principal théoricien de l'école de méditation mahayaniste.

BODHISATTVA

« Être d'éveil », de pure compassion, qui a la possibilité spirituelle d'obtenir l'état de Bouddha mais qui se réincarne pour aider les êtres à sortir du cycle des renaissances.

BOUDDHA

Cette épithète désigne soit Siddharta Gautama, le fondateur historique du bouddhisme ; soit un état de conscience, d'éveil produit par l'ouverture de l'esprit, et qualifie tout être « éveillé » (les hinayanistes considèrent que seul Gautama dans notre ère parvient à l'état de bouddha).

BRAHMANISME

Religion indienne issue du védisme.

CHAN

École bouddhique de méditation chinoise. Voir zen.

CHORTEN

Voir stupa.

DALAÏ-LAMA

Terme d'origine mongole signifiant « Océan de sagesse » donné au chef spirituel et temporel du Tibet.

DHARMA

La doctrine bouddhique aidant à échapper aux souffrances du samsara, loi attribuée au Bouddha historique, qui concerne la nature essentielle des phénomènes.

DHYANA

École bouddhique de méditation indienne. Voir zen.

GAUTAMA

Nom du Bouddha historique.

HINAYANA

Petit Véhicule, dit école du Sud ou Theravada (Doctrine des Anciens). Terme donné par les mahayanistes pour qualifier le courant primitif du bouddhisme.

JATAKA

Récits des vies antérieures du Bouddha historique.

KARMA

Littéralement, action désignant l'enchaînement des causes et des effets. Toute action psychique ou physique entraîne des conséquences dans le devenir. Il existe des karma positifs, neutres et négatifs.

KOAN

Formule paradoxale proposée dans le zen suscitant une réaction « au-delà » de la pensée.

LAMA

Titre honorifique donné au Tibet à un « maître ». Ce guide peut être un moine ordonné mais aussi un sage bouddhique marié. Lama est la traduction de « guru » (« maître » en sanscrit).

LAMAÏSME

Terme occidental qui désigne le bouddhisme tibétain.

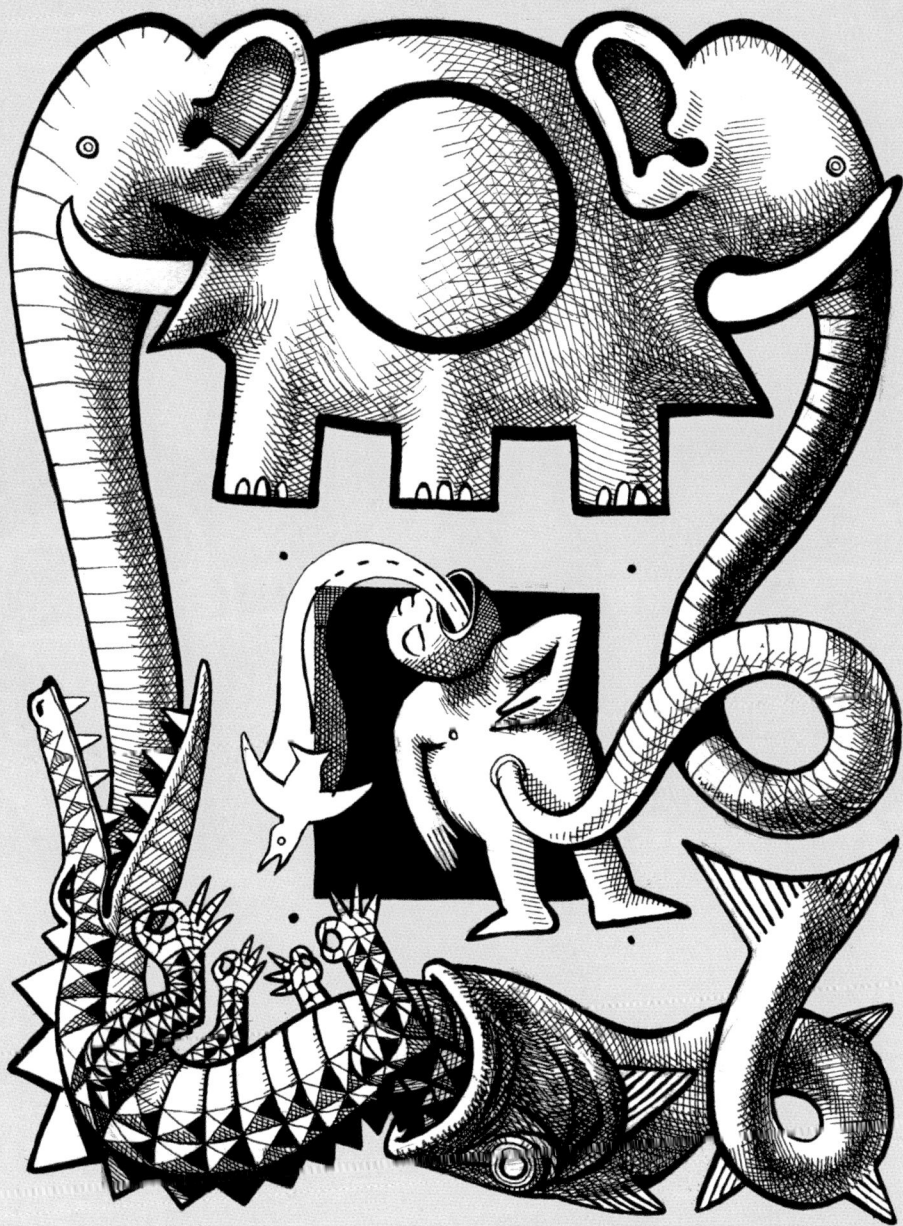

MAHAYANA

Grand Véhicule, dit école du Nord. Branche bouddhique prolongeant la tradition originelle (celle du Theravada ou Hinayana) associant dans l'enseignement des êtres de compassion (bodhisattva).

MAITREYA

Bouddha du futur qui doit succéder au Bouddha historique Siddharta Gautama.

MANDALA

Diagramme pictural servant à la méditation qui correspond dans le Vajrayana à une aire magique, symbole de l'univers, des bouddhas et des divinités tantriques.

MANTRA

Formule mystique souvent versifiée, composée de mots ou de syllabes, pratiquée dans des écoles mahayanistes, et destinée à être répétée..

MARA

Personnification des états défavorables de désir, d'agressivité et d'illusion qui maintient l'homme dans sa condition malheureuse.

NIRVANA

« Extinction ». Cet « Au-delà de la souffrance » est l'ultime libération du samsara.

PADMASAMBHAVA

Nommé en tibétain Guru Rimpotché ; sage indien qui introduisit le bouddhisme dans les pays himalayens et le Tibet.

PALI

Le mot signifie « ligne d'écriture ». Langue ancienne de l'Inde méridionale et du Sri-Lanka (Ceylan) utilisée dans le bouddhisme Theravada.

PANCHEN-LAMA

Haut dignitaire du bouddhisme tibétain institué par le Vᵉ dalaï-lama, considéré comme une émanation d'Amitabha.

PITAKA

Voir tripitaka.

RIMPOTCHÉ

Terme de respect signifiant « précieux », attribué aux grands maîtres spirituels tibétains réincarnés.

SAKYAMUNI

« Sage de la lignée des Sakya ». Surnom donné à Siddharta Gautama, le Bouddha historique.

SAMSARA

Cycle des existences conditionné par la loi du karma.

SANGHA

Communauté bouddhique comprenant les moines, les nonnes et les laïcs.

SANSKRIT

Langue classique savante des brahmanes, des textes sacrés de l'Inde et du bouddhisme mahayana.

SATORI

Terme japonais signifiant l'expérience de l'Éveil.

SON

École bouddhique de méditation coréenne. Voir zen.

STUPA (chorten en tibétain)

Édifice bouddhique, à l'origine monument à la mémoire de Bouddha.

SUTRA

Transcription des paroles attribuées au Bouddha ou à ses disciples immédiats.

TANTRA

Mot sanscrit signifiant « fil », « trame » et par déviation traité. Texte ésotérique, transmis selon la tradition Vajrayana par vision ou par inspiration.

TARA

Représentation de la sagesse féminine des bouddhas. Tara signifie « la Libératrice ».

TSCHECHUS

Signifie dizième et célèbre les grandes actions qu'aurait réalisé Padmasambhava un dizième jour.

THANGKA

Littéralement « chose que l'on déroule ». Bannière peinte, brodée ou tissée déroulée lors de grandes cérémonies qui doit apporter des mérites.

THERAVADA

« Doctrine des Anciens ». Voir Hinayana.

TRIPITAKA

Nom du canon bouddhique écrit en langue pali, composé de trois corbeilles de textes : les discours du Bouddha ou textes de la Loi, les règles monastiques et les traités scolastiques.

TULKOU

Dans le bouddhisme tibétain, réincarnation d'un être spirituellement réalisé (voir Rimpotché).

VACUITÉ

État de « grand vide ». Terme essentiel du bouddhisme. Tous les phénomènes, selon les bouddhistes, sont vides d'existence propre. Ils ne sont qu'un ensemble d'éléments.

VAJRAYANA

Véhicule du diamant ou tantrisme. Branche bouddhique mettant l'accent sur des pratiques méditatives et sur l'initiation du pratiquant par un maître spirituel.

VÉDA

Texte religieux, forme de milliers d'hymnes et de formules sacrées et poétiques, antérieur au brahmanisme et au bouddhisme.

VÉHICULE

Terme désignant les différentes branches du bouddhisme. Il en existe trois : le Petit Véhicule (« Hinayana »), le Grand Véhicule (« Mahayana ») et le Véhicule du diamant (« Vajrayana »). « Yana » signifie « Véhicule ».

VINAYA

« Discipline ». Règles de vie des moines et des moniales.

ZAZEN

Technique dans la tradition zen. Position assise en tailleur ou en position de lotus pour faire le vide dans son esprit.

ZEN

École de méditation bouddhique de tradition mahayaniste, d'origine indienne (dhyana), développée en Chine (chan), puis en Corée (son) avant d'atteindre l'empire insulaire japonais. Contemplation et compréhension intuitive fondent cette tradition attachée à la nature et à sa beauté.

Les chemins du Bouddha

Comprendre ⟫ 57 à 86

Trouver ⟫ 87 à 125

Crédits

P. 14, Photothèque Hachette – **P. 16**, Musée Guimet, Paris - Artephot / Lavaud – **P. 19**, Artephot / Hanz Hinz – **P. 20**, Musée de Sarnath - Artephot / R. Roland – **P. 23**, Musée Guimet, Paris - Artephot / Lavaud – **P. 24**, Musée Guimet, Paris - Artephot / G. Mandel – **P. 27** Musée Guimet, Paris - Artephot / Lavaud – **P. 28-29**, Musée de Sarnath. / M. Pietri – **P. 31**, Artephot / J. Lavaud – **P. 32**, Musée Guimet, Paris, photo RMN / Thierry Ollivier – **P. 35**, R. Burri / Magnum photos – **P. 36**, Musée d'Orsay - Artephot / R. Jourdain – **P. 40 à 56** : Artephot / K. Ogawa – **P. 58 à 86**, infographies MISS – **P. 63**, Hiuang-Tsang, cliché Artephot / R. Percheron – **P. 64-65**, Musée Guimet, cliché RMN / Richard Lambert – **P. 66**, h.g. cliché C. Boisvieux ; h.d. et b. clichés J.-L. Nou – **P. 67**, cliché J.-L. Nou – **P. 72**, cliché Matthieu Ricard / Agence Vu – **P. 74**, Musée Guimet / cliché RMN - Arnaudet – **P. 76 et 77**, clichés Matthieu Ricard / Agence Vu – **P. 80-81**, clichés G. Nencioli / Phare International – **P. 82**, cliché Artephot / Nimatallah – **P. 83**, h.et b. clichés T. Hopker / Magnum – **P. 84**, h. cliché V. Pcholkin / Stock Image ; b. cliché Artephot / M. Pietri – **P. 85**, h. cliché Artephot / Ogawa ; b. cliché Stock Image – **P. 88 à 125**, illustrations Philippe Andrieu – **P. 97**, cliché The Newark Museum / Art Ressource, NY – **P. 99**, cliché Arturo Patten / Opale – **P. 105**, Musée d'Histoire de la Religion, Ulân-Bâtar, Mongolie – **P. 106**, dessin de l'atelier Henri et Bruno Gaudin / Ministère de la culture et de la communication, pour le Musée Guimet – **P. 113**, cliché Artephot / Takase – **P. 117**, cliché Cristophe L.

Remerciements

L'auteur remercie Jean-Paul Ribes, Junko-Saïto pour leurs précieux conseils, ainsi que Léo Diamand pour son soutien amical, et souhaite plein de sagesse à Philippe Andrieu, « l'illustrateur fou » des dernières pages de cet ouvrage.